OEUVRES
COMPLETES
D'HELVÉTIUS.

TOME ONZIEME.

A PARIS,

DE L'IMPRIMERIE DE P. DIDOT L'AÎNÉ.

L'AN IIIe DE LA RÉPUBLIQUE.

1795.

OEUVRES
COMPLETES
D'HELVÉTIUS.

———

TOME ONZIEME.

DE L'HOMME,

DE SES FACULTÉS INTELLECTUELLES,

ET DE SON ÉDUCATION.

Honteux de m'ignorer,
Dans mon être, dans moi, je cherche à pénétrer.

VOLTAIRE, Disc. 6
de la nature de l'Homme.

DE L'HOMME,

DE SES FACULTÉS INTELLECTUELLES, ET DE SON ÉDUCATION.

SUITE

DE LA SECTION VIII.

De ce qui constitue le bonheur des individus. De la base sur laquelle on doit édifier la félicité nationale, nécessairement composée de toutes les félicités particulieres.

CHAPITRE VIII.

De l'influence de l'ennui sur les mœurs des nations.

Dans un gouvernement où les riches et les grands n'ont point de part au maniement des affaires publiques, où, comme en Portugal, la superstition leur défend de penser, que peut faire le riche oisif? L'amour. Les soins qu'exige une maîtresse y peuvent seuls remplir d'une maniere vive l'intervalle qui sépare un besoin satisfait d'un besoin renaissant. Mais, pour qu'une maîtresse devienne une occupation, que faut-il? Que l'amour soit entouré de périls; que la jalousie vigilante s'opposant sans cesse aux desirs de l'amant, cet amant soit sans cesse occupé des moyens de la surprendre (a).

L'amour et la jalousie sont donc, en Portugal, les seuls remedes à l'ennui (b). Quelle influence de tels

(a) Ce que la jalousie opere en Portugal, la loi l'opéroit à Sparte. Lycurgue avoit voulu que le mari, séparé de sa femme, ne la vît qu'en secret dans des lieux et des bois écartés. Il sentoit que la difficulté de se rencontrer augmenteroit leur amour, reserreroit le lien conjugal, et tiendroit les deux époux dans une activité qui les arracheroit à l'ennui.

(b) Point de jalousie plus emportée, plus cruelle, et en même temps plus lascive, que celle des femmes de l'orient. Je citerai à ce sujet la traduction d'un poëte persan. Une sultane fait dépouiller devant elle le jeune esclave qu'elle aime, et qu'elle croit infidele. Il est étendu à ses pieds; elle se précipite sur lui:

« C'est malgré toi, lui dit-elle, que je

remedes ne doivent-ils pas avoir sur les mœurs nationales! C'est à l'ennui qu'on doit pareillement en Italie l'invention des sigisbées.

L'ennui, sans doute, eut autrefois part à l'institution de la chevalerie. Les anciens et preux chevaliers ne cultivoient ni les arts ni les sciences.

« jouis encore de ta beauté; mais enfin
« j'en jouis. Déja tes yeux sont mouillés
« des larmes du plaisir; ta bouche est
« entr'ouverte; tu te meurs. Est-ce pour
« la derniere fois que je te serre sur mon
« sein? L'excès de l'ivresse efface de
« mon souvenir ton infidélité. Je suis toute
« sensation. Toutes les facultés de mon
« ame m'abandonnent, et s'absorbent
« dans le plaisir: je suis le plaisir même.

« Mais quelle idée succede à ce rêve
« délicieux? Quoi! tu serois caressé par
« ma rivale! Non; ce corps ne passera
« du moins que défiguré dans ses bras.
« Qui me retient? Tu es nud et sans

SECTION VIII, CHAP. VIII.

La mode ne leur permettoit pas de s'instruire, ni leur naissance de commercer. Que pouvoit donc faire un chevalier? L'amour. Mais, au moment qu'il déclaroit sa passion à sa maîtresse, si cette maîtresse 'eût, comme dans les mœurs actuelles, reçu sa main, et couronné sa ten-

« défense. Tes beautés me désarmeroient-
« elles? Je rougis de la volupté avec
« laquelle je considere encore les ron-
« deurs de ce corps.... Mais ma fureur
« se rallume. Ce n'est plus l'amour ni le
« plaisir qui m'anime. La vengeance et
« la jalousie vont te déchirer de verges.
« La crainte t'éloignera de ma rivale, et
« te ramènera près de moi.

« Ta possession, à ce prix, n'est sans
« doute flatteuse ni pour la vanité ni pour
« le sentiment: n'importe; elle le sera
« pour mes sens.

« Ma rivale mourra loin de toi, et
« je mourrai dans tes bras. »

dresse, ils se fussent mariés, eussent fait des enfants, et puis c'est tout. Or, un enfant est bientôt fait. L'époux et l'épouse se fussent ennuyés une partie de leur vie.

Pour conserver leurs desirs dans toute leur activité, pour occuper leur jeunesse et en écarter l'ennui, le chevalier et sa maîtresse dûrent donc, par une convention tacite et inviolable, s'engager l'un d'attaquer, l'autre de résister tant de temps. L'amour, par ce moyen, devenoit une occupation. C'en étoit réellement une pour le désœuvré chevalier.

Toujours en action près de sa bien-aimée, il falloit pour la conquérir, que l'amant se montrât passionné dans ses propos, vaillant dans les combats, qu'il se présentât dans les tournois, y parût bien monté, galamment armé, et y maniât la lance avec adresse et force. Le chevalier passoit sa jeunesse dans ces exercices, tuoit le temps dans ces occupations; il se marioit enfin; et, la bénédiction nuptiale donnée, le romancier n'en parloit plus.

Peut-être, dans leur vieillesse, les preux chevaliers d'autrefois étoient-ils, comme quelques uns de nos vieux guerriers d'aujourd'hui, ennuyés, ennuyeux, bavards, et superstitieux.

Pour être heureux, faut-il que nos desirs soient remplis aussitôt que conçus ? Non ; le plaisir veut qu'on le poursuive quelque temps. Puis-je à mon lever jouir d'une jolie femme ? que faire le reste de la journée ? Tout y prendra la couleur de l'ennui. Ne dois-je la voir que le soir ? le flambeau de l'espoir et du plaisir colorera d'une nuance de rose tous les instants de ma journée. Un jeune homme demande un serrail. S'il l'obtient, bientôt épuisé par le plaisir, il végétera dans le désœuvrement de l'ennui.

Connois, lui dirois-je, toute l'absurdité de ta demande. Vois ces grands, ces princes, ces hommes extrêmement riches ; ils possedent tout ce que tu envies : quels mortels sont plus ennuyés ? S'ils jouissent de tout avec indifférence, c'est qu'ils jouissent sans besoin.

Quel plaisir différent éprouvent dans les forêts deux hommes dont l'un chasse pour s'amuser, et l'autre pour nourrir lui et sa famille ! Ce dernier arrive-t-il à sa cabane chargé de gibier ? sa femme et ses enfants ont couru au devant de lui. La joie est sur leur visage.

Il jouit de toute celle qu'il leur procure.

Le besoin est le principe et de l'activité et du bonheur des hommes. Pour être heureux, il faut des desirs, les satisfaire avec quelque peine, mais, la peine donnée, être sûr d'en jouir.

CHAPITRE IX.

De l'acquisition plus ou moins difficile des plaisirs, selon le gouvernement où l'on vit, et le poste qu'on y occupe.

JE prends encore le plaisir des femmes pour exemple. En Angleterre, l'amour n'y est point une occupation, c'est un plaisir. Un grand, un riche, occupé dans la chambre haute ou basse des affaires publiques, ou chez lui de son commerce, traite légèrement l'amour. Ses lettres ou ses envois expédiés, il monte chez une jolie fille, jouir, et non soupirer. Quel rôle joueroit à Londres un sigisbée? A-peu-près le même qu'il eût joué à Sparte ou dans l'ancienne Rome.

Qu'en France même un ministre ait des femmes, on le trouve bon; mais qu'il perde son temps auprès d'elles, on s'en moque. On veut bien qu'il jouisse, non qu'il soupire. Les dames sont donc priées de se prêter avec égard à la triste situation du ministre; et d'être pour lui moins difficiles.

Peut-être n'a-t-on rien à leur reprocher sur ce point. Elles sont assez patriotes pour lui épargner jusqu'à l'ennui de la déclaration, et sentent que c'est toujours sur le degré de désœuvrement d'un amant qu'elles doivent mesurer leur résistance.

CHAPITRE X.

Quelle maîtresse convient à l'oisif.

On fait maintenant peu de cas de l'amour platonique : on lui préfere l'amour physique; et celui-ci n'est pas réellement le moins vif. Le cerf est-il enflammé de ce dernier amour? de timide il devient brave. Le chien fidele quitte son maître, et court après la lice en chaleur. En est-il séparé? il ne mange point, tout son corps frissonne, il pousse de longs hurlements. L'amour platonique fait-il plus? Non. Je m'en tiens donc à l'amour physique. C'est pour ce dernier que M. de Buffon se déclare; et je pense, comme lui, que de tous les amours c'est le plus agréable, excepté cependant pour les désœuvrés.

Une coquette est pour ces derniers une maîtresse délicieuse. Entre-t-elle dans une assemblée, vêtue de cette maniere galante qui permet à tous d'espérer ce qu'elle n'accordera qu'à très peu? l'oisif s'éveille, sa jalousie s'irrite, il est arraché à l'ennui (a). Il faut donc des coquettes aux oisifs, et de jolies filles aux occupés.

La chasse des femmes, comme celle du gibier, doit être différente, selon le temps qu'on veut y mettre.

(a) La plus forte passion de la coquette est d'être adorée. Que faire à cet effet? Toujours irriter les desirs des hommes, et ne les satisfaire presque jamais. « Une « femme, dit le proverbe, est une table « bien servie, qu'on voit d'un œil diffé- « rent avant ou après le repas. »

N'y peut-on donner qu'une heure ou deux ? on va au tiré. Ne sait-on que faire de son temps, veut-on prolonger son mouvement? il faut des chiens courants, et forcer le gibier. La femme adroite se fait long-temps courir par le désœuvré.

Au Canada, le roman du sauvage est court. Il n'a pas le temps de faire l'amour : il faut qu'il pêche et qu'il chasse. Il offre donc l'allumette à sa maîtresse; l'a-t-elle soufflée? il est heureux. Si l'on avoit à peindre les amours de Marius et de César lorsqu'ils avoient en tête Sylla et Pompée, ou le roman ne seroit pas vraisemblable, ou, comme celui du sauvage, il seroit très court. Il faudroit que César y répétât, Je suis venu, j'ai vu, j'ai vaincu.

Si l'on décrivoit, au contraire, les amours champêtres des bergers oisifs, il faudroit leur donner des maîtresses délicates, cruelles, et sur-tout fort pudibondes. Sans de telles maîtresses, Céladon périroit d'ennui.

CHAPITRE XI.

De la variété des romans, et de l'amour dans l'homme oisif ou occupé.

Dans tous les siecles, les femmes ne se laissent pas prendre aux mêmes appas; et de là tant de tableaux différents de l'amour. Le sujet est cependant toujours le même : c'est l'union d'un homme à une femme. Le roman est fini lorsque le romancier les a couchés dans le même lit.

Si ces sortes d'ouvrages different entre eux, ce n'est que dans la variété des moyens employés par le héros pour faire agréer à sa maîtresse cette phrase un peu sauvage : *Moi vouloir coucher avec toi* (a).

Le ton des romans change selon le siecle, le gouvernement où le romancier écrit, et le degré d'oisiveté de son héros. Chez une nation occupée, on met peu d'importance à l'amour. Il est inconstant, aussi peu durable que la rose. Tant que l'amant en est aux petits soins, aux premieres faveurs, c'est la rose en bouton. Aux premiers plaisirs, le bouton s'ouvre, et découvre la rose naissante; de nouveaux plaisirs l'épanouissent entièrement. A-t-elle atteint toute sa beauté? la rose se flétrit, ses feuilles se dé-

(a) Les héros d'une comédie ou d'une tragédie sont-ils amoureux? ont-ils une maîtresse? tous deux lui font la même demande, et ne different que dans la maniere de l'exprimer.

tachent, elle meurt pour refleurir l'année suivante ; et l'amour pour renaître avec une maîtresse nouvelle.

Chez un peuple oisif, l'amour devient une affaire ; il est plus constant. Que ne peuvent sur les mœurs l'ennui et l'oisiveté! Parmi les gens du monde, dit la Rochefoucauld, s'il n'est point de mariages délicieux, c'est qu'en France la femme riche ne sait à quoi passer son temps. L'ennui la poursuit. Elle veut s'y soustraire ; elle prend un amant, fait des dettes. Le mari se fâche ; il n'est point écouté. Les deux époux s'aigrissent et se détestent, parcequ'ils sont oisifs, ennuyés, et malheureux (3). Il en est autrement de la femme du laboureur. Dans cet état, les époux s'aiment, parcequ'ils sont occupés, qu'ils se sont mutuellement utiles; parceque la femme veille sur la basse-cour, allaite ses enfants, tandis que le mari laboure.

L'oisiveté, souvent mere des vices, l'est toujours de l'ennui; et c'est jusques dans la religion qu'on cherche un remede à cet ennui.

CHAPITRE XII.

De la religion et des cérémonies considérées comme remede à l'ennui.

Aux Indes, où la terre sans culture fournit abondamment aux besoins d'un peuple paresseux, qui pourroit l'arracher à l'ennui sinon la religion et ses devoirs multipliés? Aussi la pureté de l'ame y est-elle attachée à tant de rites et de pratiques superstitieuses, qu'il n'est point d'Indien, quelque attentif qu'il soit sur lui-même, qui ne commette à chaque instant des fautes dont les dieux ne manquent point d'être irrités, jusqu'à ce que les prêtres, enrichis des offrandes du pécheur, soient appaisés et satifaits.

La vie d'un Indien n'est, en conséquence, qu'une purification, une ablution, et une pénitence perpétuelle.

En Europe, nos femmes atteignent-elles un cêrtain âge ? quittent-elles le rouge, les amants, les spectacles ? elles tombent dans un ennui insupportable. Que faire pour s'y soustraire ? Substituer de nouvelles occupations aux anciennes, se faire dévotes, se créer des devoirs pieux, aller tous les jours à la messe, à vêpres, au sermon, en visite chez un directeur, s'imposer des macérations. On aime mieux encore se macérer que s'ennuyer. Mais. à quel âge cette métamorphose s'opere-t-elle? Communément à quarante-cinq ou cinquante ans. C'est pour les femmes le temps de l'apparition du diable. Les préjugés alors le représentent vivement à leur imagination.

Il en est des préjugés comme des fleurs-de-lis : l'empreinte en est quelque temps invisible ; mais le directeur et le bourreau la font à leur gré reparoître. Or, si l'on cherche jusques dans une dévotion puérile le moyen d'échapper à l'ennui, il faut donc que cette maladie soit bien commune et bien cruelle. Quel remede y apporter? Aucun qui soit efficace. On n'use en ce genre que de palliatifs. Les plus puissants sont les arts d'agrément; et c'est en faveur des ennuyés que sans doute on les perfectionna.

On a dit du hasard qu'il est le pere

commun de toutes les découvertes. Si les besoins physiques peuvent, après le hasard, être regardés comme les inventeurs des arts utiles, le besoin d'amusement doit, après ce même hasard, être pareillement regardé comme l'inventeur des arts d'agrément.

Leur objet est d'exciter en nous des sensations qui nous arrachent à l'ennui. Or, plus ces sensations sont à-la-fois fortes et distinctes, plus elles sont efficaces.

L'objet des arts est d'émouvoir ; et les diverses regles de la poétique ou de l'éloquence ne sont que les divers moyens d'opérer cet effet.

Émouvoir est le principe, et les préceptes de la rhétorique en sont le développement ou les conséquences. C'est parceque les rhéteurs n'ont pas également senti toute l'étendue de cette idée que je me permets d'en indiquer la fécondité.

Mon sujet m'autorise à cet examen. C'est par la connoissance des remedes employés contre l'ennui qu'on peut de plus en plus s'éclairer sur sa nature.

CHAPITRE XIII.

Des arts d'agrément, et de ce qu'en ce genre on appelle le beau.

L'objet des arts est de plaire, et par conséquent d'exciter en nous des sensations qui, sans être douloureuses, soient vives et fortes. Un ouvrage produit-il sur nous cet effet? on y applaudit (a).

(a) Dans le genre agréable, plus une

Le beau est ce qui nous frappe vivement. Et par le mot de *connoissance du beau*, l'on entend celle des moyens d'exciter en nous des sensations d'autant plus agréables, qu'elles sont plus neuves et plus distinctes. C'est aux moyens d'opérer cet effet que se réduisent toutes les diverses regles de la poétique et de l'éloquence.

sensation est vive, et plus l'objet qui la produit en nous est réputé beau. Dans le genre désagréable, au contraire, plus une sensation est forte, plus l'objet qui la produit pareillement en nous est réputé laid ou affreux. Juge-t-on d'après ses sensations, c'est-à-dire d'après soi ? les jugements sont toujours justes. Juge-t-on d'après ses préjugés, c'est-à-dire d'après les autres ? les jugements sont toujours faux, et ce sont les plus communs.

J'ouvre un livre moderne. Son impres-

Si l'on veut du neuf dans l'ouvrage d'un artiste, c'est que le neuf produit une sensation de surprise, une commotion vive. Si l'on veut qu'il pense d'après lui, si l'on méprise l'auteur qui fait des livres d'après des livres, c'est que de tels ouvrages ne rappellent à la mémoire que des idées trop connues pour faire sur nous des im-

sion sur moi est plus agréable que celle d'un ouvrage ancien; je ne lis même le dernier qu'avec dégoût. N'importe, c'est l'ancien que je louerai de préférence. Pourquoi? C'est que les hommes et leurs générations sont les échos les uns des autres; c'est qu'on estime sur parole jusqu'à l'ouvrage qui nous ennuie. L'envie, d'ailleurs, défend d'admirer un contemporain, et l'envie prononce presque toujours nos jugements. Pour humilier les vivants que d'éloges prodigués aux morts!

pressions fortes. Qui nous fait exiger du romancier et du tragique des caractères singuliers et des situations neuves ? Le desir d'être émus. Il faut de telles situations et de tels caracteres pour exciter en nous des sensations vives.

L'habitude d'une impression en émousse la vivacité. Je vois froidement ce que j'ai toujours vu, et le même beau cesse à la longue de l'être pour moi. J'ai tant considéré ce soleil, cette mer, ce paysage, cette belle femme, que, pour réveiller de nouveau mon attention et mon admiration pour ces objets, il faut que ce soleil peigne les cieux de couleurs plus vives qu'à l'ordinaire, que cette mer soit bouleversée par les ouragans, que ce paysage soit éclairé d'un coup de lumiere singulier, et que la beauté elle-même se présente à moi sous une forme nouvelle.

La durée de la même sensation nous y rend à la longue insensibles; et de là cette inconstance et cet amour de la nouveauté commun à tous les hommes, parceque tous veulent être vivement et fortement émus (a). Si tous les objets affectent fortement la jeunesse, c'est que tous sont neufs pour elle. En fait d'ouvrages, si la jeunesse a le goût moins sûr que l'âge mûr, c'est que cet âge est moins sensible, et que la sûreté du goût suppose peut-être une certaine difficulté d'être ému. On veut l'être. Ce n'est pas assez que le plan d'un ouvrage soit neuf,

(a) L'ouvrage le plus méprisé n'est point l'ouvrage plein de défauts, mais l'ouvrage vuide de beautés; il tombe des mains du lecteur, parcequ'il n'excite point en lui de sensations vives.

on desire, s'il est possible, que tous les détails le soient pareillement. Le lecteur voudroit que chaque vers, chaque ligne, chaque mot, excitât en lui une sensation. Aussi Boileau dit à ce sujet, dans une de ses épîtres, Si mes vers plaisent, ce n'est pas que tous soient également corrects, élégants, harmonieux;

Mais mon vers, bien ou mal, dit toujours quelque chose.

En effet, les vers de ce poëte présentent presque toujours une idée ou une image, et par conséquent excitent presque toujours en nous une sensation. Plus elle est vive, plus le vers est beau (a). Il devient sublime lorsqu'il fait sur nous la plus forte impression possible. C'est donc à sa

(a) Plus on est fortement remué, plus on est heureux, lorsque l'émotion cependant n'est point douloureuse Mais dans quel état éprouve-t-on le plus de ces

force plus ou moins grande qu'on distingue le beau du sublime.

CHAPITRE XIV.

Du sublime.

LE seul moyen de se former une idée du mot *sublime*, c'est de se rappeler les morceaux cités comme tels par les Longin, les Despréaux, et la plupart des rhéteurs. Ce qu'il y a de commun dans l'impression qu'excitent en nous ces morceaux divers est ce qui constitue le sublime. Pour en mieux connoître la nature, je distinguerai deux sortes de sublime, l'un d'image, l'autre de sentiment.

especes de sensations ? Peut-être dans l'état d'homme de lettres ou d'artiste. Peut-être est-ce dans les atteliers des arts qu'il faut chercher les heureux.

Du sublime des images.

A quelle espece de sensation donne-t-on le nom de sublime ? A la plus forte, lorsqu'elle n'est pas, comme je l'ai déja dit, portée jusqu'au terme de la douleur. Quel sentiment produit en nous cette sensation ? Celui de la crainte. La crainte est fille de la douleur; elle nous en rappelle l'idée. Pourquoi cette idée fait-elle sur nous la plus forte impression ? C'est que l'excès de la douleur excite en nous un sentiment plus vif que l'excès du plaisir; c'est qu'il n'en est point dont la vivacité soit comparable à celle des douleurs éprouvées dans le supplice d'un Ravaillac ou d'un Damien. De toutes les passions la crainte est la plus forte. Aussi le sublime est-il toujours l'effet du sentiment d'une terreur commencée.

Mais les faits sont-ils d'accord avec cette opinion? Pour s'en assurer, examinons entre les divers objets de la nature quels sont ceux dont la vue nous paroît sublime. Ce sont les profondeurs des cieux, l'immensité des mers, les éruptions des volcans, etc.

D'où naît l'impression vive qu'excitent en nous ces grands objets? Des grandes forces qu'ils annoncent dans la nature, et de la comparaison involontaire que nous faisons de ces forces avec notre foiblesse. A cette vue, l'on se sent saisi d'un certain respect qui suppose toujours en nous un sentiment d'une crainte et d'une terreur commencée.

Par quelle raison en effet donné-je le nom de sublime au tableau où Jules-Romain peint le combat des Géants, et le refusé-je à celui où l'Albane peint les jeux des Amours?

Seroit-il plus facile de peindre une Grace qu'un Géant, et de colorier le tableau de la toilette de Vénus que celui du champ de bataille des Titans ? Non : mais, lorsque l'Albane me transporte à la toilette de la déesse, rien n'y réveille le sentiment du respect et de la terreur ; je n'y vois que des objets gracieux, et je donne en conséquence le nom d'agréable à l'impression qu'ils font sur moi.

Au contraire, lorsque Jules-Romain me transporte aux lieux où les fils de la Terre entassent Ossa sur Pélion, frappé de la grandeur de ce spectacle, je compare malgré moi ma force à celle de ces géants. Convaincu alors de ma foiblesse, j'éprouve une espèce de terreur secrète, et je donne le nom de sublime à l'impression de crainte que fait sur moi ce tableau.

Dans la tragédie des Euménides, par quel art Eschyle et son décorateur firent ils une si vive impression sur les Grecs ? En leur présentant un spectacle et des décorations effrayantes. Cette impression fut peut-être horrible pour quelques uns, parcequ'elle fut portée jusqu'au terme de la douleur ; mais cette même impression adoucie eût été généralement reconnue pour sublime. En image, le sublime suppose donc toujours *le sentiment d'une terreur commencée* (a), et ne peut être le

(a) Quelles sont les especes de contes dont l'homme, la femme, et l'enfant, sont le plus avides ? Ceux de voleurs et de revenants. Ces contes effraient ; ils produisent en eux le sentiment d'une terreur commencée, et ce sentiment est celui qui fait sur eux l'impression la plus vive.

produit d'un autre sentiment (a).

Lorsque Dieu dit, *Que la lumiere soit, la lumiere fut,* cette image est sublime. Quel tableau que celui de l'univers tout-à-coup tiré du néant par la lumiere! Une telle image doit inspirer la crainte, parcequ'elle s'associe nécessairement dans notre mémoire à l'idée de l'être créateur d'un tel prodige, et qu'alors, saisi malgré soi d'un respect craintif pour l'auteur de la lumiere, on éprouve le sentiment d'une terreur commencée.

Tous les hommes sont-ils également frappés de cette grande image? Non; parceque tous ne se la représentent pas aussi vivement. Si c'est

(a) En général, si les sauvages font plus d'offrandes au *Dieu méchant* qu'au *Dieu bon*, c'est que l'homme craint encore plus la douleur qu'il n'aime le plaisir.

du connu qu'on s'éleve à l'inconnu ; pour concevoir toute la grandeur de cette image, qu'on se rappelle celle d'une nuit profonde, lorsque les orages amoncelés en redoublent l'obscurité, lorsque la foudre, allumée par les vents, déchire le flanc des nuages, et qu'à la lueur répétée et fugitive des éclairs on voit les mers, les flottes, les plaines, les forêts, les montagnes, les paysages, et l'univers entier, à chaque instant disparoître et se reproduire.

S'il n'est point d'homme auquel ce spectacle n'en impose, quelle impression n'eût donc point éprouvée celui qui, n'ayant point encore d'idée de la lumiere, l'eût vue pour la premiere fois donner la forme et les couleurs à l'univers (a)! Quelle admiration

(a) Quelque belle que soit cette image

pour l'astre producteur de ces merveilles! et quel respect craintif pour l'être qui l'auroit créé!

Les grandes images, celles qui supposent de grandes forces dans la nature, sont donc les seules sublimes, les seules qui nous inspirent le sentiment du respect, et par conséquent celui d'une terreur commencée. Telles sont celles d'Homere, lorsque, pour

en elle-même, je conviens, avec Despréaux, qu'elle doit encore une partie de sa beauté à la brièveté de son expression. Plus l'expression est courte, plus une image excite en nous de surprise. *Dieu dit, Que la lumiere soit, et la lumiere fut.* Tout le sens de la phrase se développe à ce dernier mot *fut.* Or, sa prononciation, presque aussi rapide que les effets de la lumiere, présente à l'instant le plus grand tableau que l'homme puisse concevoir.

Qu'on eût, dit à ce sujet Despréaux,

donner une grande idée de la puissance des dieux, il dit :

Autant qu'un homme assis au rivage des mers
Voit d'un roc élevé d'espace dans les airs,
Autant des immortels les coursiers intrépides
En franchissent d'un saut.

Telle est cette autre image du même poëte :

L'Enfer s'émeut au bruit de Neptune en furie ;
Pluton sort de son trône, il pâlit, il s'écrie ;

délayé cette même image dans une plus longue phrase, telle que celle-ci : « Le « souverain maître de toutes choses com- « mande à la lumiere de se former, et « en même temps ce merveilleux ouvrage « nommé *lumiere* se trouve formé »: il est évident que cette grande image n'eût point fait sur nous le même effet. Pourquoi? C'est que la brièveté de l'expression, en excitant en nous une sensation subite et moins prévue, ajoute à l'impression du plus étonnant des tableaux.

Il a peur que ce dieu dans cet affreux séjour
D'un coup de son trident ne fasse entrer le jour,
Et, par le centre ouvert de la terre ébranlée,
Ne fasse voir du Styx la rive désolée,
Ne découvre aux vivants cet empire odieux
Abhorré des mortels et craint même des dieux.

Si le nom de sublime est pareillement donné aux fieres compositions du hardi Milton, c'est que ses images, toujours grandes, excitent en nous le même sentiment.

En physique, le grand annonce de grandes forces ; et de grandes forces nous nécessitent au respect : c'est, en ce genre, ce qui constitue le sublime.

Du sublime de sentiment.

Le *Moi* de Médée, l'exclamation d'Ajax, le *Qu'il mourût* de Corneille, le serment des sept chefs devant Thebes, sont par les rhéteurs unanimement cités comme sublimes ; et j'en conclus que si, dans le physique, c'est à la grandeur et à la force des images, c'est, dans le moral, à la grandeur et à la force des caractères qu'on donne pareillement le nom de *sublime*. Ce n'est point Tircis aux pieds de sa maîtresse, mais Scévola la main sur un brasier, qui m'inspire un respect toujours mêlé de quelque crainte. Tout grand caractere produira toujours le sentiment d'une terreur commencée.

Lorsque Nérine dit à Médée :

Votre peuple vous hait, votre époux est sans foi ;
Contre tant d'ennemis, que vous reste-t-il ? — Moi.

ce *moi* étonne. Il suppose de la part de Médée tant de confiance dans la force de son art, et sur-tout de son caractere, que, frappé de son audace, le spectateur est, à ce *moi*, saisi d'un certain degré de respect et de terreur. Tel est l'effet produit par la confiance qu'Ajax a dans sa force et son courage, lorsqu'il s'écrie :

Grand Dieu, rends-nous le jour, et combats contre nous.

Une telle confiance en impose aux plus intrépides.

Le *Qu'il mourût* du vieil Horace excite en nous la même impression. Un homme dont la passion pour l'honneur et pour Rome est exaltée au point de compter pour rien la vie d'un fils qu'il aime est à redouter.

Quant au serment des sept chefs devant Thebes,

Sur un bouclier noir sept chefs impitoyables
Épouvantent les dieux de serments effroyables.
Près d'un taureau mourant qu'ils viennent d'égorger,
Tous, la main dans le sang, jurent de se venger :
Ils en jurent la Peur, le dieu Mars, et Bellone.

un tel serment annonce de la part de ces chefs une vengeance désespérée. Mais, si cette vengeance ne doit point tomber sur le spectateur, d'où naît sa crainte ? De l'association de certaines idées. Celle de la terreur s'associe toujours dans la mémoire à l'idée de force et de puissance. Elle s'y unit comme l'idée de l'effet à l'idée de sa cause. Suis-je favori d'un roi ou d'une fée ? ma tendre, ma respectueuse amitié est toujours mêlée de quelque crainte ; et, dans le bien qu'ils me font, j'apperçois toujours le mal qu'ils peuvent me faire.

Si le sentiment de la douleur est le plus vif, et si c'est à l'impression la plus vive, lorsqu'elle n'est pas trop pénible, qu'on donne le nom de sublime, il faut, comme l'expérience le prouve, que la sensation du sublime renferme toujours celle d'une terreur commencée. C'est ce qui différencie de la maniere la plus nette le sublime du beau.

Du sublime des idées spéculatives.

Est-il quelques idées philosophiques auxquelles les rhéteurs donnent le nom de *sublimes?* Aucune. Pourquoi? C'est qu'en ce genre les idées les plus générales et les plus fécondes ne sont senties que du petit nombre de ceux qui peuvent en appercevoir rapidement toutes les conséquences. De telles pensées peuvent sans doute réveiller en eux un grand nombre de sensations, ébranler une longue chaîne d'idées, qui, saisies aussitôt que présentées, excitent en eux des impressions vives, mais non de l'espece de celles auxquelles on donne le nom de *sublimes.*

S'il n'est point d'axiômes géométriques cités comme sublimes par les rhéteurs, c'est qu'on ne peut donner ce nom à des idées auxquelles les ignorants, et par conséquent la plupart des hommes, sont insensibles. Il est donc évident, 1°. que le beau est ce qui fait sur la plupart des hommes une impression forte : 2°. que le sublime est ce qui fait sur nous une impression encore plus forte ; impression toujours mêlée d'un certain sentiment de respect ou de terreur commencée : 3°. que la beauté d'un ouvrage a pour mesure l'impression plus ou moins vive qu'il fait sur eux : 4°. que toutes les regles de la poétique proposées par les rhéteurs ne sont que les moyens divers d'exciter dans les hommes des sensations agréables ou fortes.

CHAPITRE XV.

De la variété et simplicité requise dans tous les ouvrages, et surtout dans les ouvrages d'agrément.

Pourquoi desire-t-on tant de variété dans les ouvrages d'agrément? C'est, dit la Motte, que

L'ennui naquit un jour de l'uniformité.

Des sensations monotones cessent bientôt de faire sur nous une impression vive et agréable. Il n'est point de beaux objets dont à la longue la contemplation ne nous lasse. Le soleil est beau ; et cependant la petite fille, dans *l'Oracle*, s'écrie : *J'ai tant vu le soleil!* Une jolie femme est, pour un jeune amant, un objet encore plus beau que le soleil. Que d'amants, à la longue, s'écrient pareillement, *J'ai tant vu ma maîtresse* (a) !

La haine de l'ennui, le besoin de sensations agréables nous en fait sans cesse souhaiter de nouvelles. Si l'on desire, en conséquence, et variété dans les détails, et simplicité dans son plan, c'est que les idées en sont plus nettes, plus distinctes, et d'autant plus propres à faire sur nous une impression vive. Les idées difficilement saisies ne sont jamais vivement senties. Un tableau est-il trop chargé de figures ? le plan d'un ouvrage est-il trop compliqué ? il n'excite en nous

―――

(a) Il est sans doute agréable, disoit le président Hainault, de trouver sa maîtresse au rendez-vous ; mais, lorsqu'elle n'est point nouvelle, il est bien plus agréable encore de s'y rendre et de ne l'y point trouver.

qu'une impression, si je l'ose dire, émoussée et foible (a). Telle est la sensation éprouvée à la vue de ces temples gothiques que l'architecte a surchargés de sculpture : l'œil, distrait et fatigué par le grand nombre des ornements, ne s'y fixe point sans recevoir une impression pénible.

Trop de sensations à-la-fois font confusion ; leur multiplicité détruit leur effet. A grandeur égale, l'édifice le plus frappant est celui dont mon

(a) Le plan d'*Héraclius* parut d'abord trop compliqué aux gens du monde; il exigeoit trop d'attention de leur part. Boileau fait allusion à cette tragédie dans ces vers de son *Art poétique :*

Je me ris d'un auteur qui, lent à s'exprimer,
De ce qu'il veut d'abord ne sait pas m'informer,
Et qui, débrouillant mal une pénible intrigue,
D'un divertissement me fait une fatigue :
J'aimerois mieux encor qu'il déclinât son nom.
Etc. . . . .

œil saisit facilement l'ensemble, et dont chaque partie fait sur moi l'impression la plus nette et la plus distincte. L'architecture noble, simple et majestueuse des Grecs sera, par cette raison, toujours préférée à l'architecture légere, confuse et mal proportionnée des Goths.

Applique-t-on aux ouvrages d'esprit ce que je dis de l'architecture, on sent que, pour faire un grand effet, il faut pareillement qu'ils se développent clairement, qu'ils présentent toujours des idées nettes et distinctes. Aussi la loi de continuité dans les idées, les images et les sentiments, a-t-elle toujours été expressément recommandée par les rhéteurs.

CHAPITRE XVI.

De la loi de continuité.

Idée, image, sentiment; il faut, dans un livre, que tout se prépare et s'amene.

Une image fausse en elle-même me déplaît. Que sur la surface des mers un peintre dessine un parterre de roses, ces deux images incohérentes, hors de nature, me sont désagréables. Mon imagination ne sait où attacher la racine de ces roses, et ne devine point quelle force en soutient la tige.

Mais une image vraie en elle-même me déplaît encore lorsqu'elle n'est point en sa place, que rien ne l'amene et ne la prépare. On ne se rappelle pas assez souvent que, dans les bons ouvrages, presque toutes les beautés sont locales. Je prends pour exemple une succession rapide de tableaux vrais et divers. En général, une telle succession est agréable comme excitant en nous des sensations vives. Cependant, pour produire cet effet, il faut encore qu'elle soit adroitement préparée. J'aime à passer avec Isis ou la vache Io des climats brûlés de la Torride à ces antres, à ces rochers de glaces que le soleil frappe d'un jour oblique. Mais le contraste de ces images ne produiroit pas sur moi d'impression vive, si le poëte, en m'annonçant toute la puissance et la jalousie de Junon, ne m'eût déja préparé à ces changements subits de tableaux.

Qu'on applique aux sentiments ce que je dis des images. Pour qu'ils fassent au théâtre une forte impression, il faut qu'ils soient amenés et préparés avec art ; que ceux dont j'échauffe un personnage ne puissent absolument convenir qu'à la position où je le mets, qu'à la passion dont je l'anime (4).

Faute d'une exacte conformité entre cette position et les sentiments de mon héros, ces sentiments deviennent faux; et le spectateur, n'en trouvant point en lui le germe, éprouve une sensation d'autant moins vive qu'elle est plus confuse.

Passons du sentiment aux idées. Ai-je une vérité neuve à présenter au public ? cette vérité, presque toujours trop escarpée pour le commun des hommes, n'est d'abord apperçue que du plus petit nombre d'entre eux. Si je veux qu'elle les affecte généralement, il faut que, d'avance, je prépare les esprits à cette vérité; que je les y éleve par degré, et la leur montre enfin sous un point de vue distinct et précis. Mais suffit-il à cet effet de déduire cette vérité d'un fait ou principe simple? il faut à la netteté de l'idée joindre encore la clarté de l'expression. C'est à cette clarté que se rapportent presque toutes les regles du style.

CHAPITRE XVII.

De la clarté du style.

A-T-ON des idées claires et vraies? ce n'est point assez; il faut, pour les communiquer aux autres, pouvoir encore les exprimer nettement. Les mots sont les signes représentatifs de nos idées: elles sont obscures lorsque les signes le sont, c'est-à-dire lorsque la signification des mots n'a pas été très exactement déterminée. En général, ce qu'on appelle tours et expressions heureuses ne sont que les tours et les expressions les plus propres à rendre nettement nos pensées. C'est donc à la clarté que se réduisent presque toutes les regles du style.

Pourquoi le louche de l'expression est-il, en tout écrit, réputé le premier des vices? C'est que le louche du mot s'étend sur l'idée, l'obscurcit, et s'oppose à l'impression vive qu'elle feroit.

Pourquoi veut-on qu'un auteur soit varié dans son style et le tour de ses phrases? C'est que les tours monotones engourdissent l'attention; c'est que, l'attention une fois engourdie, les idées et les images s'offrent moins nettement à notre esprit, et ne font plus sur nous qu'une impression foible.

Pourquoi exige-t-on précision dans le style ? C'est que l'expression la plus courte, lorsqu'elle est propre, est toujours la plus claire ; c'est qu'on peut toujours appliquer au style ces vers de Despréaux :

Tout ce qu'on dit de trop est fade et rebutant ;
L'esprit, rassasié, le rejette à l'instant.

Pourquoi desire-t-on pureté et correction dans tout ouvrage ? C'est que l'un et l'autre y portent la clarté.

Pourquoi lit-on enfin avec tant de plaisir les écrivains qui rendent leurs idées par des images brillantes ? C'est que leurs idées en deviennent plus frappantes, plus distinctes, plus claires, et plus propres enfin à faire sur nous une impression vive. C'est donc à la seule clarté que se rapportent toutes les regles du style.

Mais les hommes attachent-ils la même idée au mot *style?* On peut prendre ce mot en deux sens différents. Ou l'on regarde uniquement le style comme une maniere plus ou moins heureuse d'exprimer ses idées, et c'est sous ce point de vûe que je le considere ; ou l'on donne à ce mot une signification plus étendue, et l'on confond ensemble et l'idée et l'expression de l'idée. C'est en ce dernier sens que M. Beccaria, dans une dissertation pleine d'esprit et de sagacité, dit que, pour bien écrire, il faut meubler sa mémoire d'une infinité d'idées accessoires au sujet qu'on traite. En ce sens, l'art d'écrire est l'art d'éveiller dans le lecteur un grand nombre de sensations, et l'on ne manque de style que parcequ'on manque d'idées.

Par quelle raison, en effet, le même homme écrit-il bien en un genre, et mal dans un autre? Cet homme n'ignore ni les tours heureux, ni la propriété des mots de sa langue. A quoi donc attribuer la foiblesse de son style? A la disette de ses idées.

Mais qu'est-ce que le public entend communément par ouvrage bien écrit? Un ouvrage fortement pensé. Le public n'en juge que l'effet total; et ce jugement est juste lorsqu'on ne se propose point, comme je le fais ici, de distinguer les idées de la maniere de les exprimer. Les vrais juges de cette maniere sont les écrivains nationaux; et ce sont eux aussi qui font la réputation du poëte, dont le principal mérite est l'élégance de la diction.

La réputation du philosophe, quelquefois plus étendue, est plus indépendante du jugement d'une seule nation. La vérité et la profondeur des idées est le premier mérite de l'ouvrage philosophique, et tous les peuples en sont juges. Que le philosophe, en conséquence, n'imagine cependant pas pouvoir impunément négliger le coloris du style. Point d'écrits que la beauté de l'expression n'embellisse.

Pour plaire au lecteur, il faut toujours exciter en lui des impressions vives. La nécessité de l'émouvoir, soit par la force de l'expression ou des idées, a toujours été recommandée par les rhéteurs et les écrivains de tous les siecles. Les différentes regles de la poétique, comme je l'ai déja dit, ne sont que les divers moyens d'opérer cet effet.

Un auteur est-il foible de choses ?

ne peut-il fixer mon attention par la grandeur de ses images ou de ses pensées ? que son style soit rapide, précis, et châtié. L'élégance continue est quelquefois un cache-sottise (a). Il faut qu'un écrivain pauvre d'idées soit riche en mots, et substitue le brillant de l'expression à l'excellence des pensées. C'est une recette dont les hommes de génie ont eux-mêmes quelquefois fait usage. Je pourrois citer en exemple certains morceaux des ouvrages de M. Rousseau, où l'on ne trouve qu'un amas de principes et d'idées contradictoires. Il instruit peu ; mais son coloris, toujours vif, amuse et plaît.

L'art d'écrire consiste dans l'art

(a) Il est peut-être aussi rare de trouver un bon écrivain dans un homme médiocre, qu'un mauvais dans un homme d'esprit.

d'exciter des sensations. Aussi le président de Montesquieu lui-même a-t-il quelquefois enlevé l'admiration, étonné les esprits, par des idées encore plus brillantes que vraies. Si, leur fausseté reconnue, ses idées n'ont plus fait la même impression, c'est que, dans le genre d'instruction, le seul beau est, à la longue, le vrai; le vrai seul obtient une estime durable.

Au défaut d'idées, un bizarre accouplement de mots peut encore faire illusion au lecteur, et produire en lui une sensation vive. Des expressions fortes, obscures et singulieres, suppléent, dans une premiere lecture, au vuide des pensées (a). Un mot

(a) Une idée fausse exige une expression obscure. L'erreur clairement exposée est bientôt reconnue pour erreur. Oser exprimer nettement ses idées, c'est être sûr de

bizarre, une expression surannée excite une surprise, et toute surprise une impression plus ou moins forte. Les épîtres du poëte Rousseau en sont la preuve.

En tout genre, et sur-tout dans le genre d'agrément, la beauté d'un ouvrage a pour mesure la sensation qu'il fait sur nous. Plus cette sensation est nette et distincte, plus elle est vive. Toute poétique n'est que le commentaire de ce principe simple, et le développement de cette regle primitive. Si les rhéteurs répetent encore les uns d'après les autres que la perfection des ouvrages de l'art dépend de leur exacte ressemblance avec ceux de la nature, ils se trompent. L'expérience.

leur vérité. En aucun genre les charlatans n'écrivent clairement. Point de scholastique qui puisse dire, comme Boileau,

Ma pensée au grand jour toujours s'offre et s'expose.

prouve que la beauté de ces sortes d'ouvrages consiste moins dans une imitation exacte que dans une imitation perfectionnée de cette même nature.

CHAPITRE XVIII.

De l'imitation perfectionnée de la nature.

Cultive-t-on les arts ? on sait qu'il en est dont les ouvrages sont sans modeles, et dont la perfection, par conséquent, est indépendante de leur ressemblance avec aucun des objets connus. Le palais d'un monarque n'est pas modelé sur le palais de l'univers, ni les accords de notre musique sur celle des corps célestes. Leur son du moins n'a jusqu'à présent frappé aucune oreille.

Les seuls ouvrages de l'art dont la perfection suppose une imitation exacte de la nature sont le portrait d'un homme, d'un animal, d'un fruit, d'une plante, etc. En presque tout autre genre, c'est dans une imitation embellie de cette même nature que consiste la perfection de ces ouvrages.

Racine, Corneille, ou Voltaire, mettent-ils un héros en scene? ils lui font dire de la maniere la plus courte, la plus élégante, et la plus harmonieuse, précisément ce qu'il doit dire. Nul héros cependant n'a tenu de tels discours. Il est impossible que Mahomet, Zopire, Pompée, Sertorius, etc., quelque esprit qu'on leur suppose, aient, 1°. toujours parlé en vers; 2°. qu'ils se soient toujours servis dans leurs entretiens des expressions les plus courtes et les plus précises; 3°. qu'ils aient sur-le-champ prononcé les discours que deux autres grands hommes; tels que Corneille et Voltaire, ont été quelquefois quinze jours ou un mois à composer.

En quoi les grands poëtes imitent-ils donc la nature? En faisant toujours parler leurs personnages conformément à la passion dont ils les animent (a). A tout autre égard, ils embellissent

---

(a) Au théâtre, le héros doit toujours parler conformément à son caractere et à sa position. Le poëte, à cet égard, ne peut être trop exact imitateur de la nature. Mais il doit l'embellir en rassemblant, dans une conversation souvent d'une demi-heure, tous les traits de caractere épars dans toute la vie de son héros. Pour peindre son avare, peut-être Moliere mit-il à contribution tous les avares de son siecle, comme nos Phidias tous nos hommes forts pour modeler leur Hercule.

la nature, et font bien. Mais comment l'embellir ? Toutes nos idées nous viennent par nos sens. On ne compose que d'après ce qu'on voit. Comment imaginer quelque chose hors la nature? et, supposé qu'on l'imaginât, quel moyen d'en transmettre l'idée aux autres ? Aussi, répondrai-je, ce qu'en description, par exemple, on entend par une composition nouvelle n'est proprement qu'un nouvel assemblage d'objets déjà connus. Ce nouvel assemblage suffit pour étonner l'imagination, et pour exciter des impressions d'autant plus vives qu'elles sont plus neuves.

De quoi les peintres et les sculpteurs composent-ils leur sphinx? Des ailes de l'aigle, du corps du lion, et de la tête de la femme. De quoi fut composée la Vénus d'Apelle ? Des beautés éparses sur les corps des dix plus belles filles de la Grece. C'est ainsi qu'en l'embellissant Apelle imita la nature. A son exemple, et d'après cette méthode, les peintres et les poëtes ont depuis creusé les antres des Gorgones, modelé les Typhon, les Anthée, édifié les palais des fées et des déesses, et décoré enfin de toutes les richesses du génie les lieux divers et fortunés de leur habitation.

Je suppose qu'un poëte ait à décrire les jardins de l'Amour. Jamais le sifflement mortel et glacial de Borée ne s'y fait entendre; c'est Zéphyre qui, sur des ailes de roses, le parcourt pour en épanouir les fleurs, et se charger de leurs odeurs. Le ciel en ce séjour est toujours pur et serein; jamais l'orage ne l'obscurcit; jamais de fange dans les champs, d'insectes dans les airs, et de viperes dans les bois. Les montagnes y sont couronnées d'orangers et de grenadiers en fleurs, les plaines couvertes d'épis ondoyants, les vallons toujours coupés de mille ruisseaux, ou traversés par un fleuve majestueux, dont les vapeurs, pompées par le soleil, et reçues dans le récipient des cieux, ne s'y condensent jamais assez pour retomber en pluie sur la terre.

La poésie fait-elle dans ce jardin jaillir des fontaines d'ambrosie, grossir des pommes d'or? y a-t-elle aligné des bosquets? conduit-elle l'Amour et Psyché sous leurs ombrages? y sont-ils nus, amoureux, et dans les bras du plaisir? jamais, par sa piquure, une abeille importune ne les distrait de leur ivresse. C'est ainsi que la poésie embellit la nature, et que, de la décomposition des objets déja connus, elle recompose des êtres et des tableaux dont la nouveauté excite la surprise, et produit souvent en nous les impressions les plus vives et les plus fortes.

Mais quelle est la fée dont le pouvoir nous permet de métamorphoser, de recomposer ainsi les objets, et de créer, pour ainsi dire, dans l'univers et dans l'homme, et des êtres nouveaux et des sensations neuves ? Cette fée est le pouvoir d'abstraire.

CHAPITRE XIX.

Du pouvoir d'abstraire.

Il est peu de mots abstraits dans les langues sauvages, et beaucoup dans celles des peuples policés. Ces derniers, intéressés à l'examen d'une infinité d'objets, sentent à chaque instant le besoin de se communiquer nettement et rapidement leurs idées. C'est à cet effet qu'ils inventent tant de mots abstraits : l'étude des sciences les y nécessite.

Deux hommes, par exemple, ont à considérer une qualité commune à deux corps : ces deux corps peuvent se comparer selon leur masse, leur grandeur, leur densité, leur forme, enfin leurs couleurs diverses ; que feront ces deux hommes ? Ils voudront d'abord déterminer l'objet de leur examen. Ces deux corps sont-ils blancs ? si c'est uniquement leur couleur qu'ils comparent, ils inventeront le mot *blancheur;* ils fixeront par ce mot toute leur attention sur cette qualité commune à ces deux corps, et en deviendront d'autant meilleurs juges de la différente nuance de leur blancheur.

Si les arts et la philosophie ont, par ce motif, dû créer en chaque langue une infinité de mots abstraits, faut-il s'étonner qu'à leur exemple la poésie ait fait aussi ses abstractions, qu'elle ait personnifié et déifié les êtres imaginaires de la force, de la justice, de la vertu, de la fievre, de la victoire, qui ne sont réellement que l'homme considéré en tant que fort, juste, vertueux, malade, victorieux, etc., et qu'elle ait enfin, dans toutes les religions, peuplé l'olympe d'abstractions?

Un poëte se fait-il l'architecte des demeures célestes? se charge-t-il de construire le palais de Plutus? il applique la couleur et la densité de l'or aux montagnes au centre desquelles il place l'édifice, qui se trouve alors environné de montagnes d'or. Ce même poëte applique-t-il à la grosseur de la pierre de taille la couleur du rubis ou du diamant? cette abstraction lui fournit tous les matériaux nécessaires à la construction du palais de Plutus ou des murs crystallins des cieux. Sans le pouvoir d'abstraire, Milton n'eût point rassemblé dans les jardins d'Éden tant de points de vue pittoresques, tant de grottes délicieuses, tant d'arbres, tant de fleurs, enfin tant de beautés partagées par la nature en mille climats divers.

C'est le pouvoir d'abstraire qui, dans les contes et les romans, crée ces pygmées, ces génies, ces enchanteurs, ces princes lutins, enfin ce Fortunatus dont l'invisibilité n'est que l'abstraction des qualités apparentes des corps. C'est, si je l'ose dire, au pouvoir d'élaguer d'un objet tout ce qu'il a de défectueux (a), et de créer des roses sans épines, que l'homme encore doit presque toutes ses peines et ses plaisirs factices.

(a) Qui présenteroit sur la scene une action tragique telle qu'elle s'est réellement passée courroit grand risque d'ennuyer les spectateurs. Que doit donc faire le poëte? Abstraire de cette action tout ce qui ne peut faire une impression vive et forte.

Par quelle raison, en effet, attend-on toujours de la possession d'un objet plus de plaisir que cette possession n'en procure ? Pourquoi tant de déchet entre le plaisir espéré et le plaisir senti ? C'est que, dans le fait, on prend le temps et le plaisir comme ils viennent, et que, dans l'espérance, on jouit de ce même plaisir sans le mélange des peines qui presque toujours l'accompagnent.

Le bonheur parfait et tel qu'on le desire ne se rencontre que dans les palais de l'Espérance et de l'Imagination. C'est là que la poésie nous peint comme éternels ces rapides moments d'ivresse que l'amour seme de loin en loin dans la carriere de nos jours. C'est là qu'on croit toujours jouir de cette force, de cette chaleur de sentiments, éprouvée une fois ou deux dans la vie, et due sans doute à la nouveauté des sensations qu'excitent en nous les premiers objets de notre tendresse. C'est là qu'enfin, s'exagérant la vivacité d'un plaisir rarement goûté et souvent desiré, on se surfait le bonheur de l'opulent.

Que le hasard ouvre à la pauvreté le salon de la richesse lorsqu'éclairé de cent bougies ce salon retentit des sons d'une musique vive; alors, frappé de l'éclat des dorures et de l'harmonie des instruments, Que le riche est heureux! s'écrie l'indigent. Sa félicité l'emporte autant sur la mienne que la magnificence de ce salon l'emporte sur la pauvreté de ma chaumiere. Cependant il se trompe, et, dupe de l'impression vive qu'il reçoit, il ne sait point qu'elle est en partie l'effet de la nouveauté des sensations qu'il éprouve; que l'habitude de ces sensations, émoussant leur vivacité, lui rendroit ce salon et ce concert insipides ; et qu'enfin ces plaisirs des riches sont achetés par mille soucis et mille inquiétudes. L'indigent a, par des abstractions, écarté des richesses tous les soins et les ennuis qui les suivent (a).

Sans le pouvoir d'abstraire, nos conceptions n'atteindroient point au-delà des jouissances. Or, dans le sein même des délices, si l'on éprouve encore des desirs et des regrets, c'est,

(a) Le pouvoir d'abstraire d'une condition différente de la sienne les maux qu'on n'y a point éprouvés rend toujours l'homme envieux de la condition d'autrui. Que faire pour étouffer en lui une envie si contraire à son bonheur? Le désabuser, et lui apprendre que l'homme au-dessus du besoin est à-peu-près aussi heureux qu'il peut l'être.

comme je l'ai déja dit, un effet de la différence qui se trouve entre le plaisir imaginé et le plaisir senti. C'est le pouvoir de décomposer, de recomposer les objets, et d'en créer de nouveaux, qu'on peut regarder, non seulement comme la source d'une infinité de peines et de plaisirs factices, mais encore comme l'unique moyen et d'embellir la nature en l'imitant, et de perfectionner les arts d'agrément.

Je ne m'étendrai pas davantage sur la beauté de leurs ouvrages. J'ai montré que leur principal objet est de nous soustraire à l'ennui ; que cet objet est d'autant mieux rempli qu'ils excitent en nous des sensations plus vives, plus distinctes ; et qu'enfin c'est toujours sur la force plus ou moins grande de ces sensations que se mesure le degré de perfection et de beauté de ces ouvrages.

Qu'on honore, qu'on cultive donc les beaux arts; ils sont la gloire de l'esprit humain (5), et la source d'une infinité d'impressions délicieuses. Mais qu'on ne croie pas le riche oisif si supérieurement heureux par la jouissance de leurs chefs-d'œuvre.

On a vu dans les premiers chapitres de cette section que, sans être égaux en richesses et en puissance, tous les hommes étoient également heureux, du moins dans les dix ou douze heures de la journée employées à la satisfaction de leurs divers besoins physiques.

Quant aux dix ou douze autres heures, c'est-à-dire à celles qui séparent un besoin satisfait d'un besoin renaissant, j'ai prouvé qu'elles sont remplies de la maniere la plus agréable lorsqu'elles sont consacrées à l'acquisition des moyens de pourvoir abondamment à nos besoins et à nos amusements. Que puis-je pour confirmer la vérité de cette opinion, sinon m'arrêter encore un moment à considérer lesquels sont le plus sûrement heureux, ou de ces opulents oisifs si fatigués de n'avoir rien à faire, ou de ces hommes que la médiocrité de leur fortune nécessite à un travail journalier qui les occupe sans les fatiguer?

CHAPITRE XX.

De l'impression des arts d'agrément sur l'opulent oisif.

Un riche est-il par ses emplois nécessité à un travail que l'habitude lui rend agréable? un riche s'est-il fait des occupations? il peut, comme l'homme d'une fortune médiocre, facilement échapper à l'ennui. Mais où trouver des riches de cette espece? Quelquefois en Angleterre, où l'argent ouvre la carriere de l'ambition. Par-tout ailleurs, la richesse, compagne de l'oisiveté, est passive dans presque tous ses amusements. Elle les attend des objets environnants; et peu de ces objets excitent en elle des sensations vives. De telles sensations ne peuvent d'ailleurs ni se succéder rapidement, ni se renouveler chaque instant. La vie de l'oisif s'écoule donc dans une insipide langueur.

En vain le riche a rassemblé près de lui les arts d'agrément; ces arts ne peuvent lui procurer sans cesse des impressions nouvelles, ni le soustraire long-temps à son ennui. Sa curiosité est sitôt émoussée, l'oisif est si peu sensible, les chefs-d'œuvre des arts font sur lui des impressions si peu durables, qu'il faudroit pour l'amuser lui en présenter sans cesse de nouveaux. Tous les artistes d'un empire ne pourroient à cet égard subvenir à ses besoins.

Il ne faut qu'un moment pour admirer : il faut un siecle pour faire des choses admirables. Que de riches oisifs, sans éprouver de sensations agréables, passent journellement sous ce magnifique portail du vieux Louvre que l'étranger contemple avec étonnement !

Pour sentir la difficulté d'amuser un riche oisif, il faut observer qu'il n'est pour l'homme que deux états ; l'un où il est passif, l'autre où il est actif.

CHAPITRE XXI.

De l'état actif et passif de l'homme.

Dans le premier de ces états, l'homme peut sans ennui supporter assez long temps la même sensation ; il ne le peut dans le second. Je puis pendant six heures faire de la musique, et ne puis sans dégoût assister trois heures à un concert.

Rien de plus difficile à amuser que

la passive oisiveté. Tout la dégoûte. C'est ce dégoût universel qui la rend juge si sévere des beautés des arts, et qui lui fait exiger tant de perfection dans leurs ouvrages. Plus sensible et moins ennuyée, elle seroit moins difficile.

Quelles impressions vives les arts d'agrément exciteroient-ils dans l'oisif? Si les arts nous charment, c'est en retraçant, en embellissant à nos yeux l'image des plaisirs déja éprouvés ; c'est en rallumant le desir de les goûter encore. Or, quel desir réveillent-elles dans un homme qui, riche assez pour acheter tous les plaisirs, en est toujours rassasié?

En vain la danse, la peinture, les arts enfin les plus voluptueux et le plus spécialement consacrés à l'amour, en rappellent l'ivresse et les transports ; quelle impression feront-ils sur celui qui, fatigué de jouissance, est blasé sur ce plaisir? Si le riche court les bals et les spectacles, c'est pour changer d'ennui, et, par ce changement, en adoucir le mal-aise. Tel est, en général, le sort des princes : tel fut celui du fameux Bonnier. A peine avoit-il formé un souhait, que la fée de la richesse venoit le remplir. Bonnier étoit ennuyé de femmes, de concerts, de spectacles : malheureux qu'il étoit, il n'avoit rien à desirer. Moins riche, il eût eu des desirs. Le desir est le mouvement de l'ame; privée de desirs, elle est stagnante. Il faut desirer pour agir, et agir pour être heureux. Bonnier mourut d'ennui au milieu des délices. On ne jouit vivement qu'en espérance. Le bonheur réside moins dans la possession que dans l'acquisition des objets de nos desirs.

Pour être heureux, il faut qu'il manque toujours quelque chose à notre félicité. Ce n'est point après avoir acquis vingt millions, mais en les acquérant, qu'on est vraiment fortuné. Ce n'est point après avoir prospéré, c'est en prospérant, qu'on est heureux. L'ame alors, toujours en action, toujours agréablement remuée, ne connoît point l'ennui.

D'où naît la passion effrénée des grands pour la chasse? De ce que, passifs dans presque tous leurs autres amusements, par conséquent toujours ennuyés, c'est à la chasse seule qu'ils sont forcément actifs. On l'est au jeu. Aussi le joueur en est-il d'autant moins accessible à l'ennui (a).

(a) Le jeu n'est pas toujours employé comme remede à l'ennui. Le petit jeu, le jeu de commerce, est quelquefois un

Cependant, ou le jeu est gros, ou il est petit. Dans le premier cas, il est inquiétant et quelquefois funeste ; dans le second, il est presque toujours insipide.

Cette riche et passive oisiveté, si enviée de tous, et qui, dans une excellente forme de gouvernement, ne se montreroit peut-être pas sans honte, n'est donc pas aussi heureuse qu'on l'imagine; elle est souvent exposée à l'ennui.

cache-sottise. On joue souvent dans l'espoir de n'être pas reconnu pour ce qu'on est.

CHAPITRE XXII.

C'est aux riches que se fait le plus vivement sentir le besoin des richesses.

Si l'opulent oisif ne se croit jamais assez riche, c'est que les richesses qu'il possede ne suffisent point encore à son bonheur. A-t-il des musiciens à ses gages? leurs concerts ne remplissent point le vuide de son ame; il lui faut de plus des architectes, un vaste palais, une cage immense pour renfermer un triste oiseau. Il desire en outre des équipages de chasse, des bals, des fêtes, etc. L'ennui est un gouffre sans fond que ne peuvent combler les richesses d'un empire, et peut-être celles de l'univers entier. Le travail seul le remplit. Peu de fortune suffit à la félicité d'un citoyen laborieux. Sa vie, uniforme et simple, s'écoule sans orage. Ce n'est point sur la tombe de Crésus (a), mais sur celle de Baucis, qu'on grava cette épitaphe :

Sa mort fut le soir d'un beau jour.

(a) Si la félicité étoit toujours compagne du pouvoir, quel homme eût été plus heureux que le calife Abdoulrahman? Cependant telle fut l'inscription qu'il fit graver sur sa tombe : « Honneurs, ri-
« chesses, puissance souveraine, j'ai joui
« de tout. Estimé et craint des princes
« mes contemporains, ils ont envié mon
« bonheur, ils ont été jaloux de ma gloire,
« ils ont recherché mon amitié. J'ai, dans
« le cours de ma vie, exactement mar-
« qué tous les jours où j'ai goûté un plai-
« sir pur et véritable; et, dans un regne
« de cinquante années, je n'en ai compté
« que quatorze. »

De grands trésors sont l'apparence du bonheur, et non sa réalité. Il est plus de vraie joie dans la maison de l'aisance que dans celle de l'opulence ; et l'on soupe plus gaiement au cabaret que chez le président Hainault.

Qui s'occupe se soustrait à l'ennui. Aussi l'ouvrier dans sa boutique, le marchand à son comptoir, est souvent plus heureux que son monarque. Une fortune médiocre nous nécessite à un travail journalier. Si ce travail n'est point excessif, si l'habitude en est contractée, il nous devient dès lors agréable (a). Tout homme qui,

(a) On ignore encore ce que peut sur nous l'habitude. On est, dit-on, bien nourri, bien couché à la Bastille, et l'on y meurt de chagrin. Pourquoi? C'est qu'on y est privé de sa liberté, c'est-à-dire qu'on n'y vaque point à ses occupations ordinaires.

par cette espece de travail, peut pourvoir à ses besoins physiques et à celui de ses amusements, est à-peu-près aussi heureux qu'il le peut être (a). Mais doit-on compter l'amusement parmi les besoins? Il faut à l'homme, comme à l'enfant, des moments de récréation ou de changement d'occupation. Avec quel plaisir l'ouvrier et l'avocat quittent-ils, l'un son attelier, et l'autre son cabinet, pour la comédie! S'ils sont plus sensibles à ce spectacle que l'homme du monde,

(a) La condition de l'ouvrier qui, par un travail modéré, pourvoit à ses besoins et à ceux de sa famille est de toutes les conditions peut-être la plus heureuse. Le besoin, qui nécessite son esprit à l'application, son corps à l'exercice, est un préservatif contre l'ennui et les maladies. Or, l'ennui et les maladies sont des maux, la joie et la santé des biens.

c'est que les sensations qu'ils y éprouvent, moins émoussées par l'habitude, sont pour eux plus nouvelles.

A-t-on d'ailleurs contracté l'habitude d'un certain travail de corps et d'esprit ? ce besoin satisfait, l'on devient sensible aux amusements mêmes où l'on est passif. Si ces amusements sont insipides au riche oisif, c'est qu'il fait du plaisir son affaire, et non son délassement. Le travail, auquel jadis l'homme fut, dit-on, condamné, ne fut point une punition céleste, mais un bienfait de la nature. Travail suppose desir. Est-on sans desir ? on végete sans principes d'activité. Le corps et l'ame restent, si je l'ose dire, dans la même attitude (a). L'occupation

(a) Une des principales causes de l'ignorance et de l'inertie des Africains est la fertilité de cette partie du monde : elle fournit presque sans culture à tous

est le bonheur de l'homme (a). Mais, pour s'occuper et se mouvoir, que faut-il ? Un motif. Quel est le plus

les besoins. L'Africain n'a donc point intérêt de penser. Aussi pense-t-il peu. On en peut dire autant du Caraïbe. S'il est moins industrieux que les sauvages du nord de l'Amérique, c'est que, pour se nourrir, ce dernier a besoin de plus d'industrie.

(a) Pour le bonheur de l'homme, il faut que le plaisir soit le prix du travail, mais d'un travail modéré. Si la nature eût d'elle-même pourvu à tous ses besoins, elle lui eût fait le plus funeste des dons. Les hommes eussent croupi dans la langueur ; la riche oisiveté eût été sans ressource contre l'ennui. Quel palliatif à ce mal ? Aucun. Que tous les citoyens soient sans besoins, ils seront également opulents. Où le riche oisif trouveroit-il alors des hommes qui l'amusent ?

puissant et le plus général? La faim. C'est elle qui, dans les campagnes, commande le labour au cultivateur, et qui, dans les forêts, commande la pêche et la chasse au sauvage. Un besoin d'une autre espece anime l'artiste et l'homme de lettres; c'est le besoin de la gloire, de l'estime publique, et des plaisirs dont elle est représentative.

Tout besoin, tout desir, nécessite au travail. En a-t-on de bonne heure contracté l'habitude? il est agréable. Faute de cette habitude, la paresse le rend odieux, et c'est à regret qu'on seme, qu'on cultive, et qu'on pense.

CHAPITRE XXIII.

De la puissance de la paresse.

Les peuples ont-ils à choisir entre la profession de voleur ou de cultivateur? c'est la premiere qu'ils embrassent. Les hommes, en général, sont paresseux; ils préféreront presque toujours les fatigues, la mort et les dangers, au travail de la culture. Mes exemples sont la grande nation des Malais, partie des Tartares et des Arabes, tous les habitants du Taurus, du Caucase, et des hautes montagnes de l'Asie.

Mais, dira-t-on, quel que soit l'amour des hommes pour l'oisiveté, s'il est des peuples voleurs et redoutés comme plus aguerris et plus courageux, n'est-il pas aussi des nations cultivatrices ? Oui ; parceque l'existence des peuples voleurs suppose celle des peuples riches et volables. Les premiers sont peu nombreux, parcequ'il faut beaucoup de moutons pour nourrir peu de loups, parceque des peuples voleurs habitent des montagnes stériles et inaccessibles, et ne peuvent que dans de semblables retraites résister à la puissance d'une nation nombreuse et cultivatrice. Or, s'il est vrai qu'en général les hommes soient pirates et voleurs toutes les fois que la position physique de leur pays leur permet de l'être impunément, l'amour du vol leur est donc naturel. Sur quoi cet amour est-il fondé? Sur la paresse, c'est-à-dire sur l'envie d'obtenir avec le moins de peine possible l'objet de leurs desirs.

L'oisiveté est dans les hommes la cause sourde des plus grands effets. C'est faute de motifs assez puissants pour s'arracher à la paresse que la plupart des satrapes, aussi voleurs et plus oisifs que les Malais, sont encore plus ennuyés et plus malheureux.

CHAPITRE XXIV.

Une fortune médiocre assure le bonheur du citoyen.

Si l'habitude rend le travail facile, si l'on fait toujours sans peine ce qu'on refait tous les jours, si tout moyen d'acquérir un plaisir doit être compté parmi les plaisirs, une fortune médiocre, nécessitant l'homme au travail, assure d'autant plus sa félicité que le travail remplit toujours de la maniere la plus agréable l'espace de temps qui sépare un besoin satisfait d'un besoin renaissant; et par conséquent les douze et seules heures de la journée où l'on suppose le plus d'inégalité dans le bonheur des hommes.

Un gouvernement assure-t-il à ses sujets la propriété de leurs biens, de leur vie, et de leur liberté? s'oppose-t-il à la trop inégale répartition des richesses nationales ? conserve-t-il enfin tous les citoyens dans un certain état d'aisance ? il leur a fourni à tous les moyens d'être à-peu-près aussi heureux qu'ils le peuvent être.

Sans être égaux en richesses, en dignités, les individus peuvent donc l'être en bonheur. Mais, quelque démontrée que soit cette vérité, est-il un moyen de la persuader aux hommes ?

et comment les empêcher d'associer perpétuellement dans leur mémoire l'idée de bonheur à l'idée de richesses ?

CHAPITRE XXV.

De l'association des idées de bonheur et de richesses dans notre mémoire.

EN tout pays où l'on n'est assuré de la propriété ni de ses biens, ni de sa vie, ni de sa liberté, les idées de bonheur et de richesses doivent souvent se confondre. On y a besoin de protecteurs ; et richesse fait protection. Dans tout autre, on peut s'en former des idées distinctes.

Si des fakirs, à l'aide d'un catéchisme religieux, persuadent aux hommes les absurdités les plus grossieres, par quelle raison, à l'aide d'un catéchisme moral, ne leur persuaderoit-on pas qu'ils sont heureux, lorsque pour l'être il ne leur manque que de se croire tels (a)? Cette croyance fait partie de notre félicité. Qui se croit infortuné le devient. Mais peut-on s'aveugler sur ce point important.? Quels sont donc les plus grands ennemis de notre bonheur? L'ignorance et l'envie.

(a) Deux causes habituelles du malheur des hommes: d'une part, *ignorance du peu qu'il faut pour être heureux*; de l'autre, *besoins imaginaires, et desirs sans bornes*. Un négociant est-il riche? il veut être le plus riche de sa ville. Un homme est-il roi? il veut être le plus puissant des rois. Ne faudroit-il pas se rappeler quelquefois avec Montaigne « qu'as- « sis soit sur le trône soit sur un esca-

L'envie, louable dans la premiere jeunesse, tant qu'elle porte le nom d'émulation, devient une passion funeste, lorsque, dans l'âge avancé, elle a repris celui d'envie.

Qui l'engendre? L'opinion fausse et exagérée qu'on se forme du bonheur de certaines conditions. Quel moyen de détruire cette opinion? C'est d'éclairer les hommes. C'est à la connoissance du vrai qu'il est réservé de les rendre meilleurs. Elle

« beau, on n'est jamais assis que sur
« son cul »; que, si le pouvoir et les richesses sont des moyens de se rendre heureux, il ne faut pas confondre les moyens avec la chose même; qu'il ne faut pas acheter par trop de soins, de travaux et de dangers, ce qu'on peut avoir à meilleur compte; et qu'enfin, dans la recherche du bonheur, on ne doit point oublier que c'est le bonheur qu'on cherche?

seule peut étouffer cette guerre intestine qui, sourdement et éternellement allumée entre les citoyens de professions et de talents différents, divise presque tous les membres des sociétés policées.

L'ignorance et l'envie, en les abreuvant du fiel d'une haine injuste et réciproque, leur a trop long-temps caché une vérité importante. C'est que peu de fortune, comme je l'ai prouvé, suffit à leur félicité (a). Qu'on ne regarde point cet axiôme comme un lieu commun de chaire ou de college : plus on l'approfondira, plus on en sentira la vérité.

(a) Des hommes qui de l'état d'opulence passent à celui de la médiocrité sont sans doute malheureux. Ils ont, dans leur premier état, contracté des goûts qu'ils ne peuvent satisfaire dans le second. Aussi ne parlerai-je ici que

Si la méditation de cet axiôme peut persuader de leur bonheur une infinité de gens auxquels, pour être heureux, il ne manque que de se croire tels, cette vérité n'est donc point une de ces maximes spéculatives inapplicables à la pratique.

des hommes qui, nés sans fortune, n'ont point d'habitudes à vaincre. Peu de richesses suffisent au bonheur de ces derniers, du moins dans les pays où l'opulence n'est point un titre à l'estime publique.

CHAPITRE XXVI.

De l'utilité éloignée de mes principes.

Si le premier j'ai prouvé la possibilité d'une égale répartition de bonheur entre les citoyens, et géométriquement démontré cette importante vérité, je suis heureux; je puis me regarder comme le bienfaiteur des hommes, et me dire : Tout ce que les moralistes ont publié sur l'égalité des conditions, tout ce que les romanciers ont débité du talisman d'Orosmane, n'étoit que l'appercevance encore obscure de ce que j'ai prouvé.

Si l'on me reprochoit d'avoir trop long-temps insisté sur cette question, je répondrois que, la félicité publique se composant de toutes les félicités particulieres, pour savoir ce qui constitue le bonheur de tous il falloit savoir ce qui constitue le bonheur de chacun, et montrer que, s'il n'est point de gouvernement où tous les hommes puissent être également puissants et riches, il n'en est aucun où ils ne puissent être également heureux; qu'enfin il est telle législation où, sauf des malheurs particuliers, il n'y auroit d'autres infortunés que des fous.

Mais une égale répartition de bonheur entre les citoyens suppose une moins inégale répartition des richesses nationales. Or, dans quel gouvernement de l'Europe établir maintenant cette répartition? L'on n'en apperçoit point sans doute la possibilité prochaine. Cependant l'altération qui se fait journellement dans la constitution de tous les empires prouve qu'au moins cette possibilité n'est point une chimere platonicienne.

Dans un temps plus ou moins long, s'il faut, disent les sages, que toutes les possibilités se réalisent, pourquoi désespérer du bonheur futur de l'humanité? Qui peut assurer que les vérités ci-dessus établies lui soient toujours inutiles? Il est rare, mais nécessaire, dans un temps donné, qu'il naisse un Penn, un Manco-Capac, pour donner des lois à des sociétés naissantes. Or, supposé (ce qui peut-être est plus rare encore) que, jaloux d'une gloire nouvelle, un tel homme voulût, sous le titre d'ami des hommes, consacrer son nom à la postérité, et qu'en conséquence, plus occupé de la composition de ses lois et du bonheur des peuples que de l'accroissement de sa puissance, cet homme voulût faire des heureux et non des esclaves, nul doute, comme je le prouverai (sect. IX), qu'il n'apperçût dans les principes que je viens d'établir le germe d'une législation neuve, et plus conforme au bonheur de l'humanité.

NOTES.

(1) Point de calomnie dont en France le clergé n'ait noirci les philosophes. Il les accusoit de ne reconnoître aucune supériorité de rang, de naissance et de dignité. Il croyoit par ce moyen irriter le puissant contre eux. Cette accusation étoit heureusement trop vague et trop ridicule. En effet, sous quel point de vue un philosophe s'égaleroit-il au grand seigneur? Ou ce seroit en qualité de chrétien, parcequ'à ce titre tous les hommes sont freres; ou ce seroit en qualité de sujet d'un despote, parceque tout sujet n'est devant lui qu'un esclave, et que tous les esclaves sont essentiellement de même condition. Or, les philosophes ne sont apôtres ni du papisme ni du despotisme; et d'ailleurs il ne doit point y avoir en France de despote. Mais les titres dont on y décore les grands seigneurs sont-ils

autre chose que les joujous d'une vanité puérile ?

(2) L'homme occupé s'ennuie peu, et desire peu. Souhaite-t-on d'immenses richesses ? c'est comme moyen ou d'éviter l'ennui, ou de se procurer des plaisirs. Qui n'a point de besoins est indifférent aux richesses. Il en est de l'amour de l'argent comme de l'amour du luxe. Qu'un jeune homme soit avide de femmes ; s'il regarde le luxe dans les ameublements, les fêtes et les équipages, comme un moyen de les séduire, il est passionné pour le luxe. Vieillit-il ? devient-il insensible aux plaisirs de l'amour ? il dédore son carrosse, y attele de vieux chevaux, et dégalonne ses habits. Cet homme aimoit le luxe comme moyen de se procurer certains plaisirs. Y devient-il indifférent ? il est sans amour pour le luxe.

(5) Le mariage, dans certaines conditions, ne présente souvent que le tableau de deux infortunés unis ensemble pour

faire réciproquement leur malheur. La mariage a deux objets; l'un la conservation de l'espece, l'autre le bonheur et le plaisir des deux sexes. La recherche des plaisirs est permise. Pourquoi s'en priveroit-on lorsque ces plaisirs ne nuisent point à la société ?

(4) Peu de poëtes tragiques connoissent l'homme ; peu d'entre eux ont assez étudié les diverses passions pour leur faire toujours parler leur propre langue. Chacune d'elles cependant a la sienne. S'agit-il de détourner un homme d'une action dangereuse et imprudente? l'humanité se charge-t-elle de lui donner un conseil à ce sujet? elle ménage sa vanité, lui montre la vérité, mais sous les expressions les moins offensantes ; elle adoucit enfin, par le ton et le geste, ce que cette vérité a de trop amer. La dureté la dit crument; la malignité la dit de la maniere la plus humiliante. L'orgueil commande impérieusement; il est sourd à toute représentation ; il veut qu'on lui obéisse sans

examen. La raison discute avec cet homme la sagesse de son action, écoute sa réponse, et la soumet au jugement de l'intéressé.

L'ami plein de tendresse pour son ami le contredit à regret. Ne le persuade-t-il pas? il a recours aux larmes et à la priere, le conjure, par le lien sacré qui unit son bonheur au sien, de ne point s'exposer au danger de cette action. L'amour prend un autre ton; et, pour combattre la résolution de son amant, la maîtresse n'allegue d'autre motif que sa volonté et son amour. L'amant résiste-t-il? elle s'abaisse enfin à raisonner. Mais la raison n'est jamais que la derniere ressource de l'amour.

On peut donc, à la différente maniere de donner le même conseil, distinguer l'espece de caractere ou de passion qui le dicte. Mais la fourberie a-t-elle une langue particuliere? Non. Aussi le fourbe emprunte-t-il celle de l'amitié, et se reconnoît-il à la différence qu'on remarque entre le sentiment dont il se dit affecté et celui qu'il doit avoir. Étudie-t-on la langue des passions et des caracteres différents? on trouve souvent les tragiques en défaut. Il en est peu qui, faisant parler telle passion, n'empruntent quelquefois le langage d'une autre.

(5) L'homme, instruit par les découvertes de ses peres, a reçu l'héritage de leurs pensées. C'est un dépôt qu'il est chargé de transmettre à ses descendants, augmenté de quelques unes de ses propres idées. Que d'hommes, à cet égard, meurent banqueroutiers !

SECTION IX.

De la possibilité d'indiquer un bon plan de législation, et des différents obstacles qui s'opposent souvent à sa publication.

CHAPITRE I.

De la difficulté de tracer un bon plan de législation.

Peu d'hommes célebres ont écrit sur la morale et la législation. Quelle est la cause de leur silence ? Seroit-ce la grandeur, l'importance du sujet, le grand nombre d'idées, enfin l'étendue d'esprit nécessaire pour le bien traiter ? Non : leur silence est l'effet de l'indifférence du public pour ces sortes d'ouvrages. En ce genre, un excellent écrit, regardé tout au plus comme le rêve d'un homme de bien, devient le germe de mille discussions, la source de mille disputes, que l'ignorance des uns et la mauvaise foi des autres rendent interminables. Quel mépris n'affiche-t-on pas pour un ouvrage dont l'utilité éloignée est toujours traitée de chimere platonicienne !

Dans tout pays policé et déja soumis à certaines lois, à certaines mœurs, à certains préjugés, un bon plan de législation, presque toujours incompatible avec une infinité d'intérêts personnels, d'abus établis, et de plans déja adoptés, paroîtra donc toujours ridicule. En démontrât-on l'excellence, elle seroit long-temps contestée.

Cependant, si, jaloux d'éclairer les nations sur l'objet important de leur bonheur, un homme de génie essayoit de résoudre le problème compliqué d'une excellente législation, son premier soin doit être de le simplifier, et de le réduire à deux propositions.

L'objet de la premiere seroit la découverte des lois propres à rendre les hommes le plus heureux possible, à leur procurer par conséquent tous les amusements et les plaisirs compatibles avec le bien public.

L'objet de la seconde seroit la découverte des moyens par lesquels on peut faire insensiblement passer un peuple de l'état de malheur qu'il éprouve à l'état de bonheur dont il peut jouir.

Pour résoudre la premiere de ces propositions, il faudroit prendre exemple sur les géometres. Leur propose-t-on un problême compliqué de méchanique ? que font-ils ? Ils le simplifient ; ils calculent la vîtesse des corps en mouvement, sans égard à leur densité, à la résistance des fluides environnants, au frottement des autres corps, etc. Il faudroit donc, pour résoudre la premiere partie du problême d'une excellente législation, n'avoir pareillement égard ni à la résistance des préjugés, ni au frottement des intérêts contraires et personnels, ni aux mœurs, ni aux lois, ni aux usages déja établis. Il faudroit se regarder comme le fondateur d'un ordre religieux, qui, dictant sa regle monastique, n'a point égard aux habitudes, aux préjugés de ses sujets futurs.

Il n'en seroit pas ainsi de la seconde partie de ce même problême. Ce n'est pas d'après ses seules conceptions, mais d'après la connoissance des lois et des mœurs actuelles d'un peuple, qu'on peut déterminer les moyens de changer peu-à-peu ces mêmes mœurs, ces mêmes lois, et, par des degrés insensibles, faire passer un peuple de sa législation actuelle à la meilleure possible.

Une différence essentielle et remarquable entre ces deux propositions, c'est que, la premiere une fois résolue, sa solution, sauf quelques différences occasionnées par la position particuliere d'un pays, est générale, et la même pour tous les peuples.

Au contraire, la solution de la seconde doit être différente selon la forme différente de chaque état. On sent que les gouvernements turc, suisse, espagnol, ou portugais, doivent nécessairement se trouver à des distances plus ou moins inégales d'une parfaite législation.

S'il ne faut que du génie pour résoudre la premiere de ces propositions, pour résoudre la seconde il faut au génie joindre la connoissance des mœurs et des principales loïs du peuple dont on veut insensiblement changer la législation.

En général, pour bien traiter une pareille question, il est nécessaire d'avoir du moins sommairement étudié les coutumes et les préjugés des peuples de tous les siecles et de tous les pays. On ne persuade les hommes que par des faits ; on ne les instruit que par des exemples. Celui qui se refuse au meilleur raisonnement se rend au fait souvent le plus équivoque.

Mais ces faits acquis, quelles seroient les questions dont l'examen pourroit donner la solution du problême de la meilleure législation? Je citerai celles qui se présentent les premieres à mon esprit.

CHAPITRE II.

Des premieres questions à se faire lorsqu'on veut donner de bonnes lois.

On peut se demander :

1°. Quel motif a rassemblé les hommes en société? Si la crainte des bêtes féroces, la nécessité de les écarter des habitations, de les tuer pour assurer sa vie et sa subsistance, ou si quelque autre motif de cette espece ne dut point former les premieres peuplades?

2°. Si les hommes une fois réunis, et successivement devenus chasseurs, pasteurs et cultivateurs, ne furent pas forcés de faire entre eux des conventions, et de se donner des lois?

3°. Si ces lois pouvoient avoir d'autre fondement que le desir commun d'assurer la propriété de leurs biens, de leur vie et de leur liberté, exposée, dans l'état de non-société comme dans celui du despotisme, à la violence du plus fort?

4°. Si le pouvoir arbitraire, sous lequel un citoyen reste exposé aux insultes de la force et de la violence, où on lui ravit jusqu'au droit de la défense naturelle, peut être regardé comme une forme de gouvernement ?

5°. Si le despotisme, en s'établissant dans un empire, n'y rompt pas tous les liens de l'union sociale? Si les mêmes motifs, si les mêmes besoins qui réunirent d'abord les hommes ne leur commandent point alors la dissolution d'une société où, comme en Turquie, l'on n'a la propriété ni de ses biens, ni de sa vie, ni de sa liberté; où les citoyens enfin, toujours en état de guerre les uns contre les autres, ne reconnoissent d'autres droits que la force et l'adresse?

6°. Si les propriétés peuvent être long-temps respectées sans entretenir, comme en Angleterre, un certain équilibre de puissance entre les différentes classes de citoyens?

7°. S'il est un moyen de maintenir la durée de cet équilibre, et si son entretien n'est pas absolument nécessaire pour s'opposer efficacement aux efforts continuels des grands pour s'emparer des propriétés des petits?

8°. Si les moyens proposés à ce sujet par M. Hume, dans son petit mais excellent *Traité d'une répu-*

blique parfaite, sont suffisants pour opérer cet effet ?

9°. Si l'introduction de l'argent dans sa république (a) n'y produiroit point à la longue cette inégale répartition de richesses qui fournit au puissant les fers dont il enchaîne ses concitoyens ?

10°. Si l'indigent a réellement une patrie ? Si la non-propriété doit quelque chose au pays où elle ne possede rien ? Si l'extrême pauvreté, toujours aux gages des riches et des puissants, n'en doit pas souvent favoriser l'ambition ? Si l'indigent enfin n'a pas trop de besoins pour avoir des vertus ?

11°. Si, par la subdivision des

(a) L'or, corrupteur des mœurs des nations, est une fée qui souvent y métamorphose les honnêtes gens en frippons. Lycurgue, qui le savoit bien, chassa cette fée de Lacédémone.

propriétés, les lois ne pourroient pas unir l'intérêt du grand nombre des habitants à l'intérêt de la patrie?

12°. Si, d'après l'exemple des Lacédémoniens, dont le territoire, partagé en trente-neuf mille lots, étoit distribué aux trente-neuf mille familles qui formoient la nation, on ne pourroit pas procurer à un plus grand nombre de familles un terrain plus ou moins étendu, mais toujours proportionné au nombre de ceux qui la composent?

13°. Si la distribution moins inégale des terres et des richesses (a) n'arra-

(a) Le nombre des propriétaires est-il très petit dans un empire relativement au grand nombre de ses habitants? la suppression même des impôts n'arracheroit point ces derniers à la misere. Le seul moyen de les soulager seroit de lever une taxe sur l'état ou le clergé, et d'en

cheroit point une infinité d'hommes au malheur réel qu'occasionne l'idée exagérée qu'ils se forment de la félicité du riche (a); idée productrice de tant d'inimitiés entre les hommes, et de tant d'indifférence pour le bien public?

14°. Si c'est par un grand ou petit nombre de lois saines et claires qu'il faut gouverner les peuples? Si, du temps des empereurs, et lorsque la

employer le produit à l'achat de petits fonds qui, distribués tous les ans aux plus pauvres familles, multiplieroient chaque année le nombre des possesseurs.

(a) Le spectacle du luxe est sans doute un accroissement de malheur pour le pauvre. Le riche le sait, et ne retranche rien de ce luxe. Que lui importe le malheur de l'indigent? Les princes eux-mêmes y sont peu sensibles: ils ne voient dans leurs sujets qu'un vil bétail. S'ils le nour-

multiplicité des lois obligea de les rassembler dans les codes Justinien, Trébonien, etc., les Romains étoient plus vertueux et plus heureux que lors de l'établissement des lois des douze tables ?

15°. Si la multiplicité des lois n'en occasionne pas l'ignorance et l'inexécution ?

16°. Si cette même multiplicité de lois, souvent contraires les unes aux

rissent, c'est qu'il est de leur intérêt de le multiplier. Tous les gouvernements parlent de population. Mais quel empire faut-il peupler ? Celui dont les sujets sont heureux. Les multiplier dans un mauvais gouvernement, c'est former le barbare projet d'y multiplier les misérables ; c'est fournir à la tyrannie de nouveaux instruments pour s'asservir de nouvelles nations, et les rendre pareillement infortunées ; c'est étendre les malheurs de l'humanité.

autres, ne nécessite pas les peuples à charger certains hommes et certains corps de leur interprétation ? Si les hommes et les corps chargés de cette interprétation ne peuvent point, en changeant insensiblement ces mêmes lois, en faire les instruments de leur ambition ? Si l'expérience enfin ne nous apprend pas que par-tout où il y a beaucoup de lois il y a peu de justice ?

17°. Si, dans un gouvernement sage, on doit laisser subsister deux autorités indépendantes et suprêmes, telles que la temporelle et la spirituelle ?

18°. Si l'on doit limiter la grandeur des villes ?

19°. Si leur extrême étendue permet de veiller à l'honnêteté des mœurs ? Si, dans les grandes villes, on peut faire usage du supplice si salutaire de la honte et de l'infamie (a)? et si, dans une ville comme Paris ou Constantinople, un citoyen, en changeant de nom et de quartier, ne peut pas toujours échapper à ce supplice ?

20°. Si, par une ligue fédérative plus parfaite que celle des Grecs, un certain nombre de petites républiques ne se mettroient pas à l'abri et de l'invasion de l'ennemi, et de la tyrannie d'un citoyen ambitieux ?

21°. Si, dans la supposition où l'on partageât en trente provinces ou républiques un pays grand comme la France, où l'on assignât à chacun de ces états un territoire à-peu-près égal, où ce territoire fût circonscrit et fixé par des bornes immuables, où sa

---

(a) Dans un gouvernement sage, le supplice de la honte suffiroit seul pour contenir le citoyen dans son devoir.

possession enfin fût garantie par les vingt-neuf autres républiques, il est à présumer qu'une de ces républiques pût asservir les autres, c'est-à-dire qu'un seul homme se battît avec avantage contre vingt-neuf ?

22°. Si, dans la supposition où toutes ces républiques seroient gouvernées par les mêmes lois; où chacun de ces petits états, chargé de sa police intérieure et de l'élection de ses magistrats, répondroit à un conseil supérieur composé de quatre députés de chaque république, et principalement occupé des affaires de la guerre et de la politique, seroit cependant chargé de veiller à ce que chacune de ces républiques ne réformât ou ne changeât sa législation que du consentement de toutes ; où d'ailleurs, l'objet des lois seroit d'élever les ames, d'exalter les courages, et d'entretenir une discipline exacte dans les armées; si, dans une telle supposition, le corps entier de ces républiques ne seroit pas toujours assez puissant pour s'opposer efficacement aux projets ambitieux de leurs voisins et de leurs concitoyens (a)?

23°. Si, dans l'hypothese où la législation de ces républiques en rendît les citoyens le plus heureux possible, et leur procurât tous les plaisirs compatibles avec le bien public, si ces mêmes républiques ne seroient pas

(a) En général, l'injustice de l'homme n'a d'autre mesure que celle de sa puissance. Le chef-d'œuvre de la législation consiste donc à borner tellement le pouvoir de chaque citoyen, qu'il ne puisse jamais impunément attenter à la vie, aux biens et à la liberté d'un autre. Or, ce problême n'a, jusqu'à présent, été nulle part mieux résolu qu'en Angleterre.

alors moralement assurées d'une félicité inaltérable ?

24°. Si le plan d'une bonne législation ne doit pas renfermer celui d'une excellente éducation ? Si l'on peut donner une telle éducation aux citoyens sans leur présenter des idées nettes de la morale, et sans rapporter les préceptes au principe unique de l'amour du bien général ? Si, rappelant à cet effet aux hommes les motifs qui les ont réunis en société, on ne pourroit pas leur prouver qu'il est presque toujours de leur intérêt bien entendu de sacrifier un avantage personnel et momentané à l'avantage national, et de mériter par ce sacrifice le titre honorable de vertueux ?

25°. Si l'on peut fonder la morale sur d'autres principes que sur celui de l'utilité publique ? Si les injustices mêmes du despotisme, toujours commises au nom du bien public, ne prouvent pas que ce principe est réellement l'unique de la morale ? Si l'on peut y substituer l'utilité particuliere de sa famille et de sa parenté (a) ?

26°. Si, dans la supposition où l'on consacreroit cet axiôme,

Qu'on doit plus à sa parenté qu'à sa patrie,

un pere, dans le dessein de se conserver à sa famille, ne pourroit pas abandonner son poste au moment du combat ? Si ce pere, chargé de la caisse publique, ne pourroit pas la piller

---

(a) L'amour de la patrie n'est-il plus regardé par un homme comme le premier principe de la morale, cet homme peut être bon pere, bon mari, bon fils; mais il sera toujours mauvais citoyen. Que de crimes l'amour des parents n'a-t-il pas fait commettre !

11.

pour en distribuer l'argent à ses enfants, et dépouiller ainsi ce qu'il doit aimer le moins, pour en revêtir ce qu'il doit aimer le plus ?

27°. Si, du moment où le salut public n'est plus la suprême loi et la premiere obligation du citoyen (a), il subsiste encore une science du bien

(a) Est-on insensible aux maux publics qu'occasionne une mauvaise administration ? est-on foiblement affecté du déshonneur de sa nation ? ne partage-t-on pas avec elle la honte de ses défaites ou de son esclavage ? on est un citoyen lâche et vil. Pour être vertueux, il faut être malheureux de l'infortune de ses concitoyens. Si, dans l'orient, il étoit un homme dont l'ame fût vraiment honnête et élevée, il passeroit sa vie dans les larmes; il auroit pour la plupart des visirs la même horreur qu'on eut jadis en France pour Bullion, qui, dans le moment où Louis XIII s'attendrissoit sur la misere de

et du mal ? S'il est enfin une morale lorsque l'utilité publique n'est plus la mesure de la punition ou de la récompense, de l'estime ou du mépris, dus aux actions des citoyens ?

28°. Si l'on peut se flatter de trouver des citoyens vertueux dans un pays où les honneurs, l'estime et les richesses, seroient devenus, par la forme du gouvernement, les récompenses du crime ; où le vice enfin seroit heureux et respecté ?

29°. Si les hommes, se rappelant alors que le desir du bonheur est le seul motif de leur réunion, ne sont pas en droit de s'abandonner au vice par-tout où le vice procure honneur, richesse et félicité ?

ses sujets, lui fit cette réponse atroce : Sa-
« chez que vos peuples sont encore assez
« heureux de n'être pas réduits à brouter
« l'herbe. »

30°. Si, dans la supposition où les lois, comme le prouve la constitution des jésuites, puissent tout sur les hommes, il seroit possible qu'un peuple entraîné au vice par la forme de son gouvernement pût s'en arracher sans faire quelque changement dans ces mêmes lois ?

31°. S'il suffit pour qu'une législation soit bonne qu'elle assure la propriété des biens, de la vie et de la liberté des citoyens ; qu'elle mette moins d'inégalité dans les richesses nationales, et les citoyens plus à portée de subvenir par un travail modéré (a) à leurs besoins et à ceux de

(a) Regarder la nécessité du travail comme une suite du péché originel et comme une punition de Dieu, c'est une absurdité : cette nécessité, au contraire, est une faveur du ciel. Que la nourriture de l'homme soit le prix de son travail, c'est

leur famille? S'il ne faut pas encore que cette législation exalte dans les hommes le sentiment de l'émulation, que l'état propose à cet effet de grandes récompenses aux grands talents et aux grandes vertus? si ces récompenses, qui consistent toujours dans le don de quelques superfluités, et qui furent jadis le principe de tant d'actions fortes et magnanimes, ne

un fait. Or, pour expliquer un fait si simple, qu'est-il besoin de recourir à des causes surnaturelles, et de présenter toujours l'homme comme une énigme? S'il parut tel autrefois, il faut convenir qu'on a depuis tant généralisé le principe de l'intérêt, si bien prouvé que cet intérêt est le principe de toutes nos pensées et de toutes nos actions, que le mot de l'énigme est enfin deviné, et que, pour expliquer l'homme, il n'est plus nécessaire, comme le prétend Pascal, de recourir au péché originel.

pourroient point encore produire le même effet (a)? et si des récompenses décernées par le public (de quelque nature d'ailleurs qu'elles soient) peu-

(a) Les principes de nos actions sont en général la crainte et l'espoir d'une peine et d'un plaisir prochain. Les hommes, presque toujours indifférents aux maux éloignés, ne font rien pour s'y soustraire. Qui n'est pas malheureux se croit dans son état naturel. Il imagine pouvoir toujours s'y conserver. L'utilité d'une loi préservatrice du malheur à venir est donc rarement sentie. Combien de fois les peuples ne se sont-ils pas prêtés à l'extinction de certains priviléges qui seuls les garantissoient de l'esclavage! La liberté, comme la santé, est un bien dont communément on ne sent le prix qu'après l'avoir perdu. Les peuples, en général, trop peu occupés de la conservation de leur liberté, ont, par leur incurie, trop souvent fourni à la tyrannie les moyens de les asservir.

vent être regardées comme un luxe de plaisir propre à corrompre les mœurs?

CHAPITRE III.

Du luxe de plaisir.

POINT de jour qu'on ne parle de la *corruption des mœurs nationales*. Que doit-on entendre par ce mot? « Le détachement de l'intérêt parti- « culier de l'intérêt général ». Pourquoi l'argent, ce principe d'activité d'un peuple riche, devient-il si souvent un principe de corruption? C'est que le public, comme je l'ai déja dit, n'en est pas le seul distributeur; c'est que l'argent, en conséquence, est souvent la récompense du vice. Il n'en est pas ainsi des récompenses dont le public est l'unique dispensateur. Toujours un don de la reconnoissance nationale, elles supposent toujours un bienfait, un service rendu à la patrie, par conséquent une action vertueuse. Un tel don, de quelque espece qu'il soit, resserrera donc toujours le nœud de l'intérêt personnel et général.

Qu'une belle esclave, une concubine, devienne chez un peuple le prix ou des talents, ou de la vertu, ou de la valeur, les mœurs de ce peuple n'en seront pas plus corrompues. C'est dans les siecles héroïques que les Crétois imposoient aux Athéniens ce tribut de dix belles filles dont Thésée les affranchit : c'est dans les siecles de leurs triomphes et de leur gloire que les Arabes et les Turcs exigeoient de pareils tributs des peuples qu'ils avoient vaincus.

Lit-on ces poëmes, ces romans celtiques, histoires toujours vraies des mœurs d'un peuple encore féroce? on y voit les Celtes s'armer, comme les Grecs, pour la conquête de la beauté, et l'amour, loin de les amollir, leur faire exécuter les entreprises les plus hardies.

Tout plaisir, quel qu'il soit, s'il est proposé comme prix des grands talents ou des grandes vertus, peut exciter l'émulation des citoyens, et même devenir un principe d'activité et de bonheur national ; mais il faut pour cet effet que tous les citoyens y puissent également prétendre, et qu'équitablement dispensés ces plaisirs soient toujours la récompense de quiconque montre ou plus de talents dans le cabinet, ou plus de valeur dans les armées, ou plus de vertus dans les cités.

Supposons qu'on ordonne des fêtes magnifiques, et que, pour réchauffer l'émulation des citoyens, l'on n'y admette d'autres spectateurs que des hommes déja distingués par leur génie, leurs talents, ou leurs actions; rien que ne fasse entreprendre le desir d'y trouver place. Ce desir sera d'autant plus vif, que la beauté de ces mêmes fêtes sera nécessairement exagérée et par la vanité de ceux qui y seront admis, et par l'ignorance de ceux qui s'en trouveront exclus.

Mais, dira-t-on, que d'hommes malheureux par cette exclusion! Moins qu'on ne croit. Si tous envient une récompense qui s'obtient par l'intrigue et le crédit, c'est que tous sont en droit d'y prétendre; mais peu de gens desirent celle qui s'acquiert par de grands travaux et de grands dangers.

Loin d'envier le laurier d'Achille ou d'Homere, le poltron et le paresseux le dédaignent. Leur vanité consolatrice ne leur laisse voir dans les hommes d'un grand talent ou d'une grande valeur que des fous dont la paie, comme celle des plombiers et des sapeurs, doit être haute, parcequ'ils s'exposent à de grands dangers et à de grands travaux. Il est juste et sage, diront le poltron et le paresseux, de payer magnifiquement de tels hommes; il seroit fou de les imiter.

L'envie, commune à tous, n'est un tourment réel que pour ceux qui courent la même carriere; et si l'envie est un mal pour eux, c'est un mal nécessaire.

Mais je veux, dira-t-on, que, d'après une connoissance profonde du cœur et de l'esprit humain, l'on parvînt à résoudre le problème d'une excellente législation ; qu'on éveillât dans tous les citoyens, et l'industrie, et ces principes d'activité qui les portent au grand ; qu'on les rendît enfin le plus heureux possible. Une si parfaite législation ne seroit encore qu'un palais bâti sur le sable ; et l'inconstance naturelle à l'homme détruiroit bientôt cet édifice élevé par le génie, l'humanité et la vertu.

CHAPITRE IV.

Des vraies causes des changements arrivés dans les lois des peuples.

TANT de changements arrivés dans les différentes formes de gouvernement doivent-ils être regardés comme l'effet de l'inconstance de l'homme ? Ce que je sais, c'est qu'en fait de coutumes, de lois et de préjugés, c'est de l'opiniâtreté, et non de l'inconstance de l'esprit humain, que l'on peut se plaindre.

Que de temps pour désabuser quelquefois un peuple d'une religion fausse et destructive du bonheur national! Que de temps pour abolir une loi souvent absurde et contraire au bien public! Pour opérer de pareils changements, ce n'est pas assez d'être roi, il faut être un roi courageux, instruit, et secouru encore par des circonstances favorables. L'éternité, pour ainsi dire, des lois, des coutumes, des usages de la Chine, dépose contre la prétendue légèreté des nations.

Supposons l'homme aussi réellement inconstant qu'on le dit, ce seroit dans le cours de sa vie que se manifesteroit son inconstance. Par quelle raison en effet des lois respectées de l'aïeul, du fils, du petit-fils, des lois à l'épreuve, pendant six générations, de la prétendue légèreté de l'homme, y deviendroient-elles tout-à-coup sujettes ?

Qu'on établisse des lois conformes à l'intérêt général : elles pourront être détruites par la force, la sédition, ou un concours singulier de circonstances, et jamais par l'inconstance de l'esprit humain (a).

(a) L'œuvre des lois, dira-t-on, devroit être durable. Or, pourquoi ces Sarrasins, jadis échauffés de ces passions fortes qui souvent élevent l'homme au-dessus de lui-même, ne sont-ils plus aujourd'hui ce qu'ils étoient autrefois ? C'est que leur courage et leur génie ne fut point une suite de leur législation, de l'union de l'intérêt particulier à l'intérêt public, ni par conséquent l'effet de la sage distribution des peines et des récompenses tem-

Je sais que des lois bonnes en apparence, mais nuisibles en effet, sont tôt ou tard abolies. Pourquoi? C'est que, dans un temps donné, il faut qu'il naisse un homme éclairé qui, frappé de l'incompatibilité de ces lois avec le bonheur général, transmette sa découverte aux bons esprits de son siecle. Cette découverte, qui, par la lenteur avec laquelle la vérité se propage, ne se communique que de proche en proche, n'est généralement reconnue vraie que des générations suivantes. Or, si les anciennes lois sont alors abolies, cette abolition n'est point un effet de l'inconstance des

porelles. Leurs vertus n'avoient point de fondement aussi solide. Elles étoient le produit d'un enthousiasme momentané et religieux, qui dut disparoître avec le concours singulier des circonstances qui l'avoient fait naître.

hommes, mais de la justesse de leur esprit.

Certaines lois sont-elles enfin reconnues mauvaises et insuffisantes? n'y tient-on plus que par une vieille habitude? le moindre prétexte suffit pour les détruire, et le moindre évènement le procure. En est-il ainsi des lois vraiment utiles? Non. Aussi point de société étendue et policée où l'on ait abrogé celles qui punissent le vol, le meurtre, etc.

Mais cette législation si admirée de Lycurgue, cette législation tirée en partie de celle de Minos, n'eut que cinq ou six cents ans de durée. J'en conviens; et peut-être n'en pouvoit-elle avoir davantage. Quelque excellentes que fussent les lois de Lycurgue, quelque génie, quelque vertu patriotique, et quelque courage qu'elles inspirassent aux Spartiates, il étoit impossible, dans la position où se trouvoit Lacédémone, que cette législation se conservât plus long-temps sans altération (a).

Les Spartiates, trop peu nombreux pour résister à la Perse, eussent été tôt ou tard ensevelis sous la masse

(a) Les Lacédémoniens ont, dans tous les siecles et les histoires, été célebres par leurs vertus. On leur a néanmoins reproché souvent leur dureté envers leurs esclaves. Ces républicains, si orgueilleux de leur liberté et si fiers de leur courage, traitoient en effet leurs ilotes avec autant de cruauté que les nations de l'Europe traitent aujourd'hui leurs negres. Les Spartiates, en conséquence, ont paru vertueux ou vicieux, selon le point de vue d'où on les a considérés. La vertu consiste-t-elle dans l'amour de la patrie et de ses concitoyens? les Spartiates ont peut-être été les peuples les plus vertueux. La vertu consiste-t-elle dans l'amour universel des

de ses armées, si la Grece, si féconde alors en grands hommes, n'eût réuni ses forces pour repousser l'ennemi commun. Qu'arriva-t-il alors? C'est qu'Athenes et Sparte se trouverent à la tête de la ligue fédérative des Grecs.

hommes? ces mêmes Spartiates ont été vicieux. Que faire pour les juger avec équité? Examiner si, jusqu'au moment que tous les peuples, selon le desir de l'abbé de S.-Pierre, ne composeront plus qu'une grande et même nation, il est possible que l'amour patriotique ne soit pas destructif de l'amour universel; si le bonheur d'un peuple n'est pas, jusqu'à présent, attaché au malheur de l'autre; si l'on peut perfectionner, par exemple, l'industrie d'une nation sans nuire au commerce des nations voisines, sans exposer leurs manufacturiers à mourir de faim. Or, qu'importe, lorsqu'on détruit les hommes, que ce soit par le fer ou par la faim?

A peine ces deux républiques eurent, par des efforts égaux de conduite et de courage, triomphé de la Perse, que l'admiration de l'univers se partagea entre elles ; et cette admiration dut devenir et devint le germe de leur discorde et de leur jalousie. Cette jalousie n'eût produit qu'une noble émulation entre ces deux peuples, s'ils eussent été gouvernés par les mêmes lois ; si les limites de leur territoire eussent été fixées par des bornes immuables ; s'ils n'eussent pu les reculer sans armer contre eux toutes les autres républiques ; et qu'enfin ils n'eussent connu d'autres richesses que cette monnoie de fer, dont Lycurgue avoit permis l'usage.

La confédération des Grecs n'étoit pas fondée sur une base aussi solide. Chaque république avoit sa constitution particuliere. Les Athéniens étoient à-la-fois guerriers et négociants. Les richesses gagnées dans le commerce leur fournissoient les moyens de porter la guerre au dehors. Ils avoient à cet égard un grand avantage sur les Lacédémoniens. Ces derniers, orgueilleux et pauvres, voyoient avec chagrin dans quelles bornes étroites leur indigence contenoit leur ambition. Le desir de commander, desir si puissant sur deux républiques rivales et guerrieres, rendit cette pauvreté insupportable aux Spartiates. Ils se dégoûterent donc insensiblement des lois de Lycurgue, et contracterent des alliances avec les puissances de l'Asie.

La guerre du Péloponnese s'étant alors allumée, ils sentirent plus vivement le besoin d'argent. La Perse en offrit : les Lacédémoniens l'accepterent. Alors la pauvreté, clef de l'édifice des lois de Lycurgue, se détacha de la voûte; et sa chûte entraîna celle de l'état: alors les lois et les mœurs changerent; et ce changement, comme les maux qui s'ensuivirent, ne furent point l'effet de l'inconstance de l'esprit humain (a), mais de la différente

(a) Ce n'est point l'inconstance des nations, c'est leur ignorance qui renverse si souvent l'édifice des meilleures lois. C'est elle qui rend un peuple docile aux conseils des ambitieux. Qu'on découvre à ce peuple les vrais principes de la morale, qu'on lui démontre l'excellence de ses lois, et le bonheur résultant de leur observation, ces lois deviendront sacrées pour lui, il les respectera et par amour pour sa félicité, et par l'opiniâtre attachement qu'en général les hommes ont pour les anciens usages.

Point d'innovations proposées par les ambitieux qu'ils ne colorent du vain prétexte du bien public. Un peuple instruit,

forme des gouvernements des Grecs, de l'imperfection des principes de leur confédération, et de la liberté qu'ils conserverent toujours de se faire réciproquement la guerre. De là cette suite d'évènements qui les entraînerent enfin à une ruine commune.

Une ligue fédérative doit être fondée sur des principes plus solides. Qu'on partage en trente républiques un pays grand comme la France : si ces républiques, gouvernées par les mêmes lois, sont liguées entre elles

toujours en garde contre de telles innovations, les rejette toujours. Chez lui, l'intérêt du petit nombre des forts est contenu par l'intérêt du grand nombre des foibles. L'ambition des premiers est donc enchaînée; et le peuple, toujours le plus puissant lorsqu'il est éclairé, reste toujours fidele à la législation qui le rend heureux.

contre les ennemis du dehors; si les bornes de leur territoire sont invariablement déterminées, qu'elles s'en soient respectivement garanti la possession, et se soient réciproquement assuré leur liberté; je dis que, si elles ont d'ailleurs adopté les lois et les mœurs des Spartiates, leurs forces réunies et la garantie mutuelle de leur liberté les mettront également à l'abri et de l'invasion des étrangers, et de la tyrannie de leurs compatriotes.

Supposons cette législation la plus propre à rendre les citoyens heureux; quel moyen d'en éterniser la durée? Le plus sûr, c'est d'ordonner aux maîtres dans leurs instructions, aux magistrats dans des discours publics, d'en démontrer l'excellence (a). Cette

(a) Il est nécessaire, dit Machiavel, de rappeler de temps en temps les gouvernements à leurs principes constitutifs. Qui

excellence constatée, une législation deviendroit à l'épreuve de la légèreté

près d'eux est chargé de cet emploi ? Le malheur. Ce fut l'ambition d'un Appius, ce furent les batailles de Cannes et de Thrasymene qui rappelerent les Romains à l'amour de la patrie. Les peuples n'ont sur cet objet que l'infortune pour maître. Ils en pourroient choisir un moins dur. Pour l'instruction même des magistrats, pourquoi ne liroit-on pas publiquement chaque année l'histoire de chaque loi et des motifs de son établissement, n'indiqueroit-on pas aux citoyens celles d'entre ces lois auxquelles ils sont principalement redevables de la propriété de leur vie, de leurs biens et de leur liberté ? Les peuples aiment leur bonheur. Ils reprendroient à cette lecture l'esprit de leurs ancêtres, et reconnoîtroient souvent, dans les lois les moins importantes en apparence, celles qui les mettent à l'abri de l'esclavage, de l'indigence et du despotisme.

de l'esprit humain. Les hommes (fussent-ils aussi inconstants qu'on le dit) ne peuvent abroger des lois établies, qu'ils ne se réunissent dans leurs volontés. Or cette réunion suppose un intérêt commun de les détruire, et par conséquent une grande absurdité dans les lois.

Dans tout autre cas, l'inconstance même des hommes, en les divisant d'opinion, s'oppose à l'unanimité de leurs délibérations, et par conséquent assure la durée des mêmes lois.

Toute sage législation, qui lie l'intérêt particulier à l'intérêt public, et fonde la vertu sur l'avantage de chaque individu, est indestructible. Mais cette législation est-elle possible? Pourquoi non? L'horizon de nos idées s'étend de jour en jour; et, si la législation, comme les autres sciences, participe aux progrès de l'esprit humain, pourquoi désespérer du bonheur futur de l'humanité ? Pourquoi les nations, s'éclairant de siecle en siecle, ne parviendroient-elles pas un jour à toute la plénitude du bonheur dont elles sont susceptibles ? Ce ne seroit pas sans peine que je me détacherois de cet espoir.

La félicité des hommes est pour une ame sensible le spectacle le plus agréable. A considérer dans la perspective de l'avenir, c'est l'œuvre d'une législation parfaite : mais si quelque esprit hardi osoit en donner le plan, que de préjugés, dira-t-on, il auroit à combattre et à détruire ! que de vérités dangereuses à révéler !

CHAPITRE V.

La révélation de la vérité n'est funeste qu'à celui qui la dit.

Qu'est-ce en morale qu'une vérité nouvelle? *un nouveau moyen d'accroître ou d'assurer le bonheur des peuples.* Que résulte-t-il de cette définition? que la vérité ne peut être nuisible. Un auteur fait-il en ce genre une découverte? quels sont donc ses ennemis? 1°. ceux qu'il contredit (1); 2°. les envieux de sa réputation; 3°. ceux dont les intérêts sont contraires à l'intérêt public.

Qu'un ministre multiplie le nombre des maréchaussées, il a pour ennemis les voleurs de grands chemins. Que ces voleurs soient puissants, le mi-

nistre sera persécuté. Il en est de même du philosophe : ses préceptes tendent-ils à assurer le bonheur du plus grand nombre ? il aura pour ennemis tous les voleurs de l'état ; et ces derniers sont à craindre. Pénétré-je les intrigues d'un clergé avide ? déconcerté-je les projets de l'avarice et de l'ambition monacale ? si le moine est puissant, je suis poursuivi. Prouvé-je les malversations d'un homme en place ? si ma preuve est claire, je suis puni. La vengeance du fort sur les foibles est toujours proportionnée à la vérité des accusations intentées contre lui. C'est du puissant (2) que Ménippe dit :
« Tu te fâches, ô Jupiter, tu prends
« ton foudre ; tu as donc tort. »

Le puissant est communément d'autant plus cruel qu'il est plus stupide. Qu'un Turc, en entrant au divan, y représente que l'intolérance du mahométisme dépeuple l'état, aliene les Grecs, que le despotisme du grand-seigneur avilit la nation, que l'avarice et les vexations des pachas la découragent, que le défaut de discipline rend ses armées méprisables ; quel nom donnera-t-on à ce fidele citoyen ? celui de factieux ; on le livrera aux muets. La mort est à Constantinople la peine infligée à la révélation d'une vérité qui, méditée par le sultan, eût sauvé l'empire de la ruine prochaine qui le menace.

Par-tout où la nation n'est pas le puissant (et dans quel pays l'est-elle?) l'avocat du bien public est martyr des vérités qu'il découvre. Quelle cause de cet effet ? la trop grande puissance de quelques membres de la société. Présenté-je au public une opinion nouvelle? le public, frappé de sa nouveauté, et quelque temps incertain, ne porte d'abord aucun jugement. Dans ce premier moment, si les cris de l'envie, de l'ignorance et de l'intérêt, s'élevent contre moi, si je ne suis protégé ni par la loi ni par l'homme en place, je suis proscrit.

L'homme illustre achete donc toujours sa gloire à venir par des malheurs présents. Au reste, ses malheurs mêmes, et les violences qu'il éprouve, promulguent plus rapidement ses découvertes. La vérité, toujours instructive pour celui qui l'écoute, ne nuit qu'à celui qui la dit (a).

(a) *Toute vérité*, dit le proverbe, *n'est pas bonne à dire.* Mais que signifie ce mot *bonne?* Il est le synonyme de *sûre.* Qui dit la vérité s'expose sans doute à la persécution; c'est un imprudent. Je le veux. L'imprudent est donc l'espece d'homme la plus utile. Il seme à ses frais des vérités dont ses concitoyens recueille-

CHAPITRE VI.

La connoissance de la vérité est toujours utile.

L'HOMME obéit toujours à son intérêt bien ou mal entendu. *C'est une vérité de fait; qu'on la taise ou qu'on la dise, la conduite de l'homme sera toujours la même.* La révélation de cette vérité n'est donc pas nuisible. Mais de quelle utilité peut-elle être? de la plus grande. Une fois assuré que l'homme agit toujours conformément à son intérêt, le législateur infligera tant de peines au crime, accordera tant de récompenses à la vertu, que tout particulier aura intérêt d'être

ront les fruits. Le mal est pour lui, et le profit pour eux.

vertueux. Ce législateur sait-il qu'ami de sa conservation l'homme se présente avec crainte au danger ? il attachera tant de honte et d'infamie à la lâcheté, tant d'honneurs au courage, que le soldat aura le jour de la bataille plus d'intérêt de combattre que de fuir.

Qu'uniquement occupé de ses fantaisies un homme mette son bien à fonds perdu, qu'il laisse ses enfants dans l'indigence, quel remede à ce mal ? le mépris qu'on lui marquera. Fait-on connoître l'homme aux autres hommes, leur montre-t-on les crimes qu'il peut commettre ? ils créeront les lois propres à les réprimer (a), et parviendront enfin à lier assez étroitement

(a) Le législateur qui donne des lois suppose tous les hommes méchants, puisqu'il veut que tous y soient également soumis.

l'intérêt particulier à l'intérêt public pour se nécessiter eux-mêmes à la vertu.

En toute espece de science, l'écrivain doit chercher et dire la vérité. Faut-il en excepter la science de la morale ? En ce genre toute vérité nouvelle n'est, comme je l'ai déjà dit, qu'un nouveau moyen d'améliorer la condition des citoyens. Le desir de leur bonheur seroit-il un crime ?

En morale, c'est le vrai seul qu'il faut enseigner. Mais ne peut-on en aucun cas y substituer des erreurs utiles ? Il n'en est point de telles : je le démontrerai ci-après. La religion elle-même ne rend point un peuple vertueux : les Romains modernes en sont la preuve. L'intérêt est notre unique moteur. L'on paroît sacrifier mais l'on ne sacrifie jamais son bonheur à celui d'autrui. Les eaux ne remontent point à leur source, ni les hommes contre le courant rapide de leurs intérêts. Qui le tenteroit seroit un fou. De tels fous sont d'ailleurs en trop petit nombre pour avoir quelque influence sur la masse totale de la société. S'il ne s'agit que de former des citoyens vertueux, qu'est-il besoin à cet effet de recourir à des moyens impossibles et surnaturels ?

Qu'on fasse de bonnes lois, elles dirigeront naturellement les citoyens au bien général, en leur laissant suivre la pente irrésistible qui les porte à leur bien particulier. Une crainte respective et salutaire les contiendra dans les bornes du devoir. Les voleurs ont des lois ; et peu d'entre eux les violent, parcequ'ils s'inspectent et se suspectent. Les lois font tout. Si quelque dieu, disent à ce sujet les philosophes siamois, fût réellement descendu du ciel pour instruire les hommes dans la science de la morale, il leur eût donné une bonne législation; et cette législation les eût nécessités à la vertu. En morale comme en physique, c'est toujours en grand et par des moyens simples que la divinité opere.

Le résultat de ce chapitre, c'est que la vérité, souvent odieuse au puissant injuste, est toujours utile au public. Mais n'est-il point d'instant où sa révélation puisse occasionner des troubles dans un empire ?

CHAPITRE VII.

Que la révélation de la vérité ne trouble jamais les empires.

UNE administration est mauvaise ; les peuples souffrent ; ils poussent des plaintes : en ce moment il paroît un écrit où on leur montre toute l'étendue de leurs malheurs ; les peuples s'irritent et se soulevent. L'écrit est-il la cause du soulevement ? non ; il en est l'époque ; la cause est dans la misere publique. Si l'écrit eût plutôt paru, le gouvernement plutôt averti eût, en adoucissant les souffrances des peuples, pu prévenir la sédition. Le trouble n'accompagne la révélation de la vérité que dans des pays entièrement despotiques, parcequ'en ces pays le moment où l'on ose dire la vérité est celui où le malheur, insoutenable et porté à son comble, ne permet plus au peuple de retenir ses cris.

Un gouvernement devient-il cruel à l'excès? les troubles sont alors salutaires. Ce sont les tranchées qu'occasionne au malade la médecine qui le guérit. Pour affranchir un peuple de la servitude, il en coûte quelquefois moins d'hommes à l'état qu'il n'en périt dans une fête publique et mal ordonnée. Le mal du soulevement est dans la cause qui le produit : la douleur de la crise est dans la maladie qui l'excite. Tombe-t-on dans le despotisme? il faut des efforts pour s'y soustraire ; et ces efforts sont en ce moment le seul bien des infortunés. Le dernier degré du malheur, c'est de ne pouvoir s'en arracher, et de souffrir sans oser se plaindre. Quel homme assez barbare, assez stupide, pour donner le nom de paix au silence, à la tranquillité forcée de l'esclavage ? C'est la paix, mais la paix de la tombe.

La révélation de la vérité, quelquefois l'époque, ne fut donc jamais la cause des troubles et du soulèvement. La connoissance du vrai, toujours utile aux opprimés, l'est même aux oppresseurs. Elle les avertit, comme je l'ai déja dit, du mécontentement du peuple. En Europe, les murmures des nations précedent de loin leur révolte : leurs plaintes sont le tonnerre entendu dans le lointain ; il n'est point encore à craindre. Le souverain est encore à temps de réparer ses injustices, et de se réconcilier avec son peuple. Il n'en est pas de même dans un pays d'esclaves ; c'est le poignard en main que la remontrance se présente au sultan. Le silence des esclaves est terrible : c'est le silence des airs avant l'orage. Les vents sont muets encore ; mais du sein noir d'un nuage immobile part le coup de tonnerre qui, signal de la tempête, frappe au moment qu'il luit.

Le silence qu'impose la force est la principale cause et des malheurs des peuples et de la chûte de leurs oppresseurs. Si la recherche de la vérité nuit, ce n'est jamais qu'à son auteur. Les Buffon, les Quesnay, les Montesquieu, en ont découvert. On a long-temps disputé sur la préférence à donner aux anciens sur les modernes, à la musique française sur l'italienne : ces disputes ont éclairé le goût du public, et n'ont armé le bras d'aucun citoyen. Mais ces disputes, dira-t-on, ne se rapportoient qu'à des objets frivoles.

Soit; mais, sans la crainte de la loi, les hommes s'entr'égorgeroient pour des frivolités. Les disputes théologiques, toujours réductibles à des questions de mots, en sont la preuve. Que de sang elles ont fait couler! Puis-je, de l'aveu de la loi, donner le nom de saint zele à l'emportement de ma vanité? point d'excès auquel elle ne se livre. La cruauté religieuse est atroce. Qui l'engendre? seroit-ce la nouveauté d'une opinion théologique (3)? non; mais l'exercice libre et impuni de l'intolérance (4).

Qu'on traite une question, où, libre dans ses opinions, chacun pense ce qu'il veut, où chacun contredit et est contredit, où quiconque insulteroit son contradicteur seroit puni selon la griéveté de l'offense; l'orgueil des disputants, alors contenu par la crainte de la loi, cesse d'être inhumain.

Mais par quelle contradiction le magistrat, qui lie les bras des citoyens et leur défend les voies de fait lorsqu'il s'agit d'une discussion d'intérêt ou d'opinion, les leur délie-t-il lorsqu'il s'agit d'une dispute scholastique? Quelle cause d'un tel effet? l'esprit de superstition et de fanatisme, qui, plus souvent que l'esprit de justice et d'humanité, a présidé à la rédaction des lois.

J'ai lu l'histoire des différents cultes; j'ai nombré leurs absurdités : j'ai eu honte de la raison humaine, et j'ai rougi d'être homme. Je me suis à-la-fois étonné des maux que produit la superstition, de la facilité avec laquelle on peut étouffer un fanatisme qui rendra toujours les religions si funestes à l'univers (5); et j'ai conclu que les malheurs des peuples pouvoient toujours se rapporter à l'imperfection de leurs lois, et par conséquent à l'ignorance de quelques vérités morales. Ces vérités, toujours utiles, ne peuvent troubler la paix des états. La lenteur de leurs progrès en est encore une nouvelle preuve.

CHAPITRE VIII.

De la lenteur avec laquelle la vérité se propage.

LA marche de la vérité est lente; l'expérience le prouve. Quand le parlement de Paris révoqua-t-il la peine de mort portée contre quiconque enseignoit une autre philosophie que celle d'Aristote? cinquante ans après que cette philosophie étoit oubliée. Quand la faculté de médecine admit-elle la doctrine de la circulation du sang? cinquante ans après la découverte d'Harvei. Quand cette même faculté reconnut-elle la salubrité des pommes de terre? après cent ans d'expérience, et lorsque le parlement eut cassé l'arrêt qui défendoit la vente de ce légume (a).

Quand les médecins conviendront-ils des avantages de l'inoculation?

(a) Le parlement rendit de même un arrêt contre l'émétique, et contre Brissot, médecin du seizieme siecle. Ce médecin prétendoit, contre la pratique ordinaire, saigner, dans le cas de pleurésie, du côté où le malade souffroit le plus. Cette pratique nouvelle fut, par les vieux médecins, dénoncée au parlement. Il la déclara impie, fit défense de saigner dorénavant du côté de la pleurésie. L'affaire portée ensuite devant Charles V, ce prince alloit rendre le même jugement, si, dans cet instant, Charles III, duc de Savoie, ne

dans vingt ans ou environ. Cent faits de cette espece prouvent la lenteur des progrès de la vérité : ses progrès cependant sont ce qu'ils doivent être. Une vérité, en qualité de nouvelle, choque toujours quelque usage ou quelque opinion généralement établie. Elle a d'abord peu de sectateurs; elle est traitée de paradoxe (a), citée com-

―――

fût mort d'une pleurésie après avoir été saigné à l'ancienne maniere. Est-ce à des magistrats à prétendre, comme les théologiens, juger les livres et les sciences qu'ils n'entendent point? Que leur en revient-il? Du ridicule.

(a) Paroît-il un excellent ouvrage de philosophie? le premier jugement qu'en porte l'envie c'est que les principes en sont faux et dangereux; le second, que les idées en sont communes. Malheur à l'ouvrage dont on dit d'abord trop de bien!

me une erreur, et rejetée sans être entendue. Les hommes en général approuvent ou condamnent au hasard ; et la vérité même est, par la plupart d'entre eux, reçue comme l'erreur, sans examen et par préjugé.

De quelle maniere une opinion nouvelle parvient-elle donc à la connoissance de tous ? Les bons esprits en ont-ils apperçu la vérité ? ils la publient ; et cette vérité, promulguée par eux, et devenue de jour en jour plus commune, finit enfin par être généralement adoptée ; mais c'est long-temps après sa découverte, sur-tout lorsque cette vérité est morale. Si l'on se prête si difficilement à la démonstration de ces dernieres vérités, c'est qu'elles exigent quelquefois le sacrifice, non seulement de nos préjugés, mais encore de nos intérêts personnels. Peu d'hommes sont capables de ce double sacrifice. D'ailleurs, une vérité de cette espece, découverte par un de nos concitoyens, peut se répandre rapidement, et peut le combler d'honneurs : notre envie, qui s'en irrite, doit donc s'empresser de l'étouffer.

C'est l'étranger qu'éclairent maintenant les livres moraux faits et proscrits en France. Pour juger ces livres, il faut des hommes doués à-la-fois et du degré de lumiere et du degré de désintéressement nécessaire pour distinguer le vrai du faux. Or, par-tout les hommes éclairés sont rares ; et les désintéressés, plus rares encore, ne se rencontrent que chez l'étranger.

Les vérités morales ne s'étendent que par des ondulations très lentes. Il en est, si je l'ose dire, de la chûte de ces vérités sur la terre comme de celles d'une pierre au milieu d'un lac :

les eaux, séparées au point du contact, forment un cercle bientôt enfermé dans un plus grand, qui lui-même est environné de cercles plus spacieux, lesquels, s'agrandissant de moment en moment, vont enfin se briser sur la rive. C'est de cercles en cercles qu'une vérité morale, s'étendant aux différentes classes des citoyens, parvient enfin à la connoissance de tous ceux qui n'ont point intérêt de la rejeter.

Pour établir cette vérité, il suffit que le puissant ne s'oppose point à sa promulgation ; et c'est en ceci que la vérité diffère de l'erreur : c'est par la violence que cette dernière se propage : c'est la force en main qu'on a prouvé presque toutes les religions, et c'est ce qui les a rendues les fléaux du monde moral.

La vérité sans la force s'établit sans doute lentement; mais elle s'établit sans troubles. Les seules nations où la vérité pénetre avec peine sont les nations ignorantes : l'imbécillité est moins docile qu'on ne l'imagine.

Que l'on propose chez un peuple ignorant une loi utile (6) mais nouvelle; cette loi, rejetée sans examen, peut même exciter une sédition (7) chez ce peuple, qui, stupide parcequ'il est esclave, est d'autant plus irritable que le despotisme l'a plus souvent irrité.

Que l'on propose au contraire cette même loi chez un peuple éclairé, où la presse est libre, où l'utilité de cette loi est déja pressentie et sa promulgation desirée, elle sera reçue avec reconnoissance par la partie instruite de la nation, et cette partie contiendra l'autre.

Mais n'est-il pas des formes de gouvernement où la connoissance du vrai puisse être dangereuse?

CHAPITRE IX.

Des gouvernements.

S1 toute vérité morale n'est qu'un *moyen d'accroître ou d'assurer le bonheur du plus grand nombre*, et si *l'objet de tout gouvernement est la félicité publique*, point de vérité morale dont la publication ne soit desirable (8). Toute diversité d'opinions à ce sujet tient à la signification incertaine du mot *gouvernement*. Qu'est-ce qu'un gouvernement ? *l'assemblage de lois ou de conventions faites entre les citoyens d'une même nation.* Or, ces lois et conventions sont ou contraires ou conformes à l'intérêt général. Il n'est donc que deux formes de gouvernement, l'une bonne, l'autre mauvaise : c'est à ces deux especes que je les réduis toutes. Or, dans l'assemblage des conventions qui les constituent, dire qu'on ne peut changer les lois nuisibles à la nation, que de telles lois sont sacrées, qu'elles ne peuvent être légitimement réformées, c'est dire qu'on ne peut changer le régime contraire à sa santé ; qu'affligé d'une plaie, c'est un crime de la nettoyer ; qu'il faut la laisser tomber en gangrene (9).

Au reste, si tout gouvernement, de quelque nature qu'il soit, ne peut se proposer d'autre objet que le bonheur du plus grand nombre des citoyens, tout ce qui tend à les rendre heureux ne peut être contraire à sa constitution (10). Celui-là seul doit s'opposer à toute réforme utile à l'état, qui fonde sa grandeur sur l'avilissement de ses compatriotes, sur le malheur de ses semblables, et qui veut usurper sur eux un pouvoir arbitraire. Quant au citoyen honnête, à l'homme ami de la vérité et de sa patrie, il ne peut avoir d'intérêt contraire à l'intérêt national. Est-on heureux du bonheur de l'empire, et glorieux de sa gloire? on desire la correction de tous les abus. On sait qu'on n'anéantit point une science lorsqu'on la perfectionne, et qu'on ne détruit point un gouvernement lorsqu'on le réforme.

Supposons qu'en Portugal l'on respectât davantage la propriété des biens, de la vie et de la liberté des sujets, le gouvernement en seroit-il moins monarchique? Supposons qu'en ce pays l'on supprimât l'inquisition et les lettres de cachet, qu'on limitât l'excessive autorité de certaines places, auroit-on changé la forme du gouvernement? non; l'on en auroit seulement corrigé les abus. Quel monarque vertueux ne se prêteroit point à cette réforme? Compare-t-on les rois de l'Europe à ces stupides sultans de l'Asie, à ces vampires qui sucent le sang de leurs sujets, et que toute contradiction révolte? soupçonner son prince d'adopter les principes d'un despotisme oriental, c'est lui faire l'injure la plus atroce. Un souverain éclairé ne regarda jamais le pouvoir arbitraire, soit d'un seul, tel qu'il existe en Turquie, soit de plusieurs, tel qu'il existe en Pologne, comme la constitution réelle d'un état. Honorer de ce titre un despotisme cruel, c'est donner le nom de gouvernement à une confédération de voleurs (11), qui, sous la banniere d'un seul ou de plusieurs, ravagent les provinces qu'ils habitent.

Tout acte d'un pouvoir arbitraire est injuste. Un pouvoir acquis et conservé par la force (12) est un pouvoir que la force a droit de repousser. Une nation, quelque nom que porte son ennemi, peut toujours le combattre et le détruire. Si l'objet des sciences de la morale et de la politique se réduit à la recherche des moyens de rendre les hommes heureux, il n'est donc point en ce genre de vérités dont la connoissance puisse être dangereuse.

Mais le bonheur des peuples fait-il celui des souverains ?

CHAPITRE X.

Dans aucune forme de gouvernement le bonheur du prince n'est attaché au malheur des peuples.

Le pouvoir arbitraire, dont quelques monarques paroissent si jaloux, n'est qu'un luxe de puissance, qui, sans rien ajouter à leur félicité, fait le malheur de leurs sujets. Le bonheur du prince est indépendant de son despotisme. C'est souvent par complaisance pour ses favoris, c'est pour le plaisir et la commodité de cinq ou six personnes, qu'un souverain met ses peuples en esclavage, et sa tête sous le poignard de la conjuration.

Le Portugal nous apprend les dangers auxquels, dans ce siecle même,

les rois sont encore exposés. Le pouvoir arbitraire, cette calamité des nations, n'assure donc ni la félicité ni la vie des monarques : leur bonheur n'est donc pas essentiellement lié au malheur de leurs sujets. Pourquoi taire aux princes cette vérité, et leur laisser ignorer que la monarchie modérée est la monarchie la plus desirable (13) ; que le souverain n'est grand que de la grandeur de ses peuples, n'est fort que de leur force, riche que de leurs richesses; que son intérêt bien entendu est essentiellement uni au leur ; et qu'enfin son devoir est de les rendre heureux ? « Le sort des armes, dit
« un Indien à Tamerlan, nous sou-
« met à toi. Es-tu marchand? vends-
« nous : es-tu boucher ? tue-nous :
« es-tu monarque? rends-nous heu-
« reux. »

Est-il un souverain qui puisse sans

horreur entendre sans cesse murmurer autour de lui ce mot célebre d'un Arabe? Cet homme, accablé sous le faix de l'impôt, ne peut subsister lui et sa famille : il porte ses plaintes au calife : le calife s'en irrite ; l'Arabe est condamné à mort. En marchant au supplice, il rencontre en chemin un officier de la bouche : « Pour qui ces « viandes ? demande le condamné. « — Pour les chiens du calife, répond « l'officier. — Que la condition des « chiens d'un despote, s'écrie l'Arabe, « est préférable à celle de son sujet » ! Quel prince éclairé soutient un tel reproche, et veut, en usurpant un pouvoir arbitraire sur ses peuples, se condamner à ne vivre qu'avec des esclaves?

L'homme, en présence de son despote, est sans opinion et sans caractere. Thamas Kouli-Kan soupe avec

un favori. On lui sert un nouveau légume : « Rien de meilleur et de plus
« sain que ce mets, dit le courtisan.
« Le repas fait, Kouli-Kan se sent
« incommodé ; il ne dort pas. Rien,
« dit-il à son lever, de plus détes-
« table et de plus mal-sain que ce
« légume. Rien de plus mal-sain, dit
« le courtisan. Mais tu ne le pensois
« pas hier, reprend le prince : qui te
« force à changer d'avis ? Mon respect
« et ma crainte. Je puis, réplique le
« favori, impunément médire de ce
« mets ; je suis l'esclave de ta hau-
« tesse, et non l'esclave de ce lé-
« gume. »

Le despote est la Gorgone : il pétrifie dans l'homme jusqu'à la pensée (a).

(a) Quel prince, même parmi les chrétiens, à l'exemple du calife Hakkam, permettroit aux cadis de révéler ses injustices ?
« Une pauvre femme possede à Jehra une

Comme la Gorgone, il est l'effroi du monde. Son sort est-il donc si desirable ? Le despotisme est un joug également onéreux à celui qui le porte, à celui qui l'impose. Que l'armée abandonne le despote, le plus vil des esclaves devient son égal, le frappe, et lui dit :

Ta force étoit ton droit, ta foiblesse est ton crime.

« petite piece de terre contiguë aux jar-
« dins d'Hakkam; ce prince veut agran-
« dir son palais; il fait proposer à cette
« femme de lui céder son terrain. Elle le
« refuse, et veut conserver l'héritage de
« ses peres. L'intendant des jardins s'em-
« pare du terrain qu'elle ne veut pas
« vendre.

« La femme éplorée va à Cordoue im-
« plorer la justice. Ibu-Béchir en est le
« cadi. Le texte de la loi est formel en
« faveur de la femme; mais que peuvent
« les lois contre celui qui se croit au-
« dessus d'elles ? Cependant Ibú-Béchir

Mais si, dans l'erreur à cet égard, un prince attache son bonheur à l'acquisition du pouvoir arbitraire, et qu'un écrit, publiant les intentions du prince, éclaire les peuples sur le malheur qui les menace ; cet écrit ne suffit-il pas pour exciter le trouble et le soulevement ? Non : l'on a par-tout décrit les suites funestes du despo-

« ne désespere point de sa cause. Il monte
« sur son âne, porte avec lui un sac d'une
« grandeur énorme, se présente dans cet
« état devant Hakkam, assis alors dans
« le pavillon construit sur le terrain de
« cette femme.

« L'arrivée du cadi, le sac qu'il a sur
« l'épaule, étonnent le prince. Ibu-Bé-
« chir se prosterne, demande à Hakkam
« la permission de remplir son sac de la
« terre sur laquelle il se trouve. Le calife
« y consent. Le sac plein, le cadi supplie
« le prince de l'aider à charger ce sac sur
« son âne. Cette demande étonne Hak-

tisme. L'histoire romaine, l'écriture sainte elle-même, en font en cent endroits le tableau le plus effrayant; et cette lecture n'excita jamais de révolution. Ce sont les maux actuels, multipliés et durables du despotisme, qui douent quelquefois un peuple du courage nécessaire pour s'arracher à ce joug. C'est toujours la cruauté des

« kam. Ce sac est trop lourd, répond-il.
« Prince, reprend alors Ibu-Béchir avec
« une noble hardiesse, si ce sac, que
« vous trouvez si pesant, ne contient
« encore qu'une petite partie de la terre
« injustement enlevée à une de vos su-
« jettes, comment porterez-vous, au jour
« du jugement dernier, cette même terre
« que vous avez ravie en entier ? Hak-
« kam, loin de punir le cadi, reconnoît
« généreusement sa faute, rend à la
« femme le terrain dont il s'est emparé,
« avec tous les bâtiments qu'il y avoit fait
« construire. »

sultans qui provoque la sédition. Tous les trônes de l'orient sont souillés du sang de leur maître, versé par la main des esclaves.

La simple publication de la vérité n'occasionne point de commotions vives. D'ailleurs l'avantage de la paix dépend du prix dont on l'achete. La guerre est sans doute un mal; mais, pour l'éviter, faut-il que, sans combattre, les citoyens se laissent ravir leurs biens, leur vie et leur liberté? Un prince ennemi vient les armes à la main réduire un peuple à l'esclavage : ce peuple présentera-t-il sa tête au joug de la servitude? Qui le propose est un lâche. Quelque nom que porte le ravisseur de ma liberté, je dois la défendre contre lui.

Point d'état qui ne soit susceptible de réforme, souvent aussi nécessaire que désagréable à certaines gens. L'administration s'abstiendra-t-elle de la faire ? faut-il, dans l'espoir d'une fausse tranquillité, qu'elle fasse aux grands le sacrifice du bien public, et, sous le vain prétexte de conserver la paix, qu'elle abandonne l'empire aux voleurs qui le pillent?

Il est, comme je l'ai déja dit, des maux nécessaires. Point de guérison sans douleur. Si l'on souffre dans le traitement, c'est moins du remede que de la maladie. Une conduite timide, des ménagements bas, ont été souvent plus fatals aux sociétés que la sédition même. On peut, sans offenser un prince vertueux, fixer les bornes de son autorité ; lui représenter que la loi qui déclare le bien public la premiere des lois est une loi sacrée, inviolable, que lui-même doit respecter; que toutes les autres lois ne sont que les divers moyens d'assurer l'exécution de la premiere ; et qu'enfin, toujours malheureux du malheur des sujets, il est une dépendance réciproque entre la félicité des peuples et celle du souverain. D'où je conclus que la chose vraiment nuisible pour lui est le mensonge qui lui cache la maladie de l'état ; que la chose vraiment avantageuse pour lui est la vérité qui l'éclaire sur le traitement et le remede.

La révélation de la vérité est donc utile ; mais l'homme la doit-il aux autres hommes, lorsqu'il est si dangereux pour lui de la leur révéler ?

CHAPITRE XI.

Qu'on doit la vérité aux hommes.

Si je consultois sur ce sujet et S. Augustin et S. Ambroise, je dirois avec le premier : « La vérité devient-elle un « sujet de scandale ? que le scandale « naisse, et que la vérité soit dite (a) ». Je répéterois d'après le second : « On « n'est pas défenseur de la vérité, si, « du moment qu'on la voit, on ne la « dit point sans honte et sans crain- « te (b) ». J'ajouterois enfin « que la

(a) Si de veritate scandalum, utilius permittitur nasci scandalum quam veritas relinquatur.

(b) Ille veritatis defensor esse debet qui, cum recte sentit, loqui non metuit nec erubescit.

« vérité, quelque temps éclipsée par
« l'erreur, en perce tôt ou tard le
« nuage. » (a)

Mais il n'est point ici question d'autorité. Ce que l'on doit à l'opinion des hommes célebres c'est du respect, et non une foi aveugle. Il faut donc scrupuleusement examiner leurs opinions; et, cet examen fait, il faut juger non d'après leur raison, mais d'après la sienne. Je crois les trois angles d'un triangle égaux à deux droits, non parcequ'Euclide l'a dit, mais parceque je puis m'en démontrer la vérité.

Demander si l'on doit la vérité aux hommes, c'est, sous un tour de phrase obscure et détournée, demander s'il est permis d'être vertueux et de faire le bien de ses semblables.

(a) Occultari potest ad tempus veritas, vinci non potest. (*S. Aug.*)

Mais l'obligation de dire la vérité suppose la possibilité de la découvrir. Les gouvernements doivent donc en faciliter les moyens; et le plus sûr de tous est la liberté de la presse.

CHAPITRE XII.

De la liberté de la presse.

C'est à la contradiction, par conséquent à la liberté de la presse, que les sciences physiques doivent leur perfection. Otez cette liberté, que d'erreurs, consacrées par le temps, seront citées comme des axiomes incontestables! Ce que je dis du physique est applicable au moral et au politique. Veut-on en ce genre s'assurer de la vérité de ses opinions? il faut les promulguer. C'est à la pierre de touche de la contradiction qu'il faut les éprouver. La presse doit donc être libre : le magistrat qui la gêne s'oppose donc à la perfection de la morale et de la politique ; il peche contre sa nation ; il étouffe jusques dans leurs germes les idées heureuses qu'eût produites cette liberté.

Le prince doit donc aux nations la vérité comme utile, et la liberté de la presse comme moyen de la découvrir. Par-tout où cette liberté est interdite, l'ignorance, comme une nuit profonde, s'étend sur tous les esprits. Alors, en cherchant la vérité, ses amateurs craignent de la découvrir : ils sentent qu'une fois découverte, il faudra, ou la taire, ou la déguiser lâchement, ou s'exposer à la persécution. Tout homme la redoute. S'il est toujours de l'intérêt public de connoître la vérité, il n'est pas toujours de l'intérêt particulier de la dire.

La plupart des gouvernements exhortent encore le citoyen à sa recherche; mais presque tous le punissent de sa découverte. Peu d'hommes bravent à la longue la haine du puissant par pur amour de l'humanité et de la vérité.

Mais que d'opinions bizarres n'engendreroit point cette liberté! Qu'importe? Ces opinions, détruites par la raison aussitôt que produites, n'altéreroient pas la paix des états (a). La révélation de la vérité ne peut être

(a) S'agit-il de religion? par quelle raison en défendre l'examen? Est-elle vraie? elle peut supporter la preuve de la discussion. Est-elle fausse? en ce dernier cas, quelle absurdité de protéger une religion dont la morale est pusillanime et cruelle, et le culte à charge à l'état par l'excessive dépense qu'exige l'entretien de ses ministres!

odieuse qu'à ces imposteurs qui, trop souvent écoutés des princes, leur présentent le peuple éclairé comme factieux, et le peuple abruti comme docile.

Qu'apprend au contraire l'expérience ? que toute nation instruite est sourde aux vaines déclamations du fanatisme, et que l'injustice la révolte. C'est lorsqu'on me dépouille de la propriété de mes biens, de ma vie et de ma liberté, que je m'irrite ; c'est alors que l'esclave s'arme contre le maître. La vérité n'a pour ennemis que les ennemis mêmes du bien public : les méchants s'opposent seuls à sa promulgation.

C'est peu de montrer que la vérité est utile, que l'homme la doit à l'homme, et que la presse doit être libre ; il faut de plus indiquer les maux qu'engendre dans les empires l'indifférence pour la vérité.

CHAPITRE XIII.

Des maux que produit l'indifférence pour la vérité.

Dans le corps politique, comme dans le corps humain, il faut un certain degré de fermentation pour y entretenir le mouvement et la vie. L'indifférence pour la gloire et la vérité produit stagnation dans les ames et dans les esprits. Tout peuple qui, par la forme de son gouvernement ou la stupidité de ses administrateurs, parvient à cet état d'indifférence, est stérile en grands talents comme en grandes vertus (a). Prenons les habitants de l'Inde pour exemple : quels hommes, comparés aux habitants actifs et industrieux des bords de la

(a) Les vertus fuient les lieux d'où la

Seine, du Rhin, ou de la Tamise!

L'Indien, plongé dans l'ignorance, indifférent à la vérité, malheureux au dedans, foible au dehors, est esclave d'un despote également incapable de le conduire au bonheur durant la paix, à l'ennemi durant la guerre.

Quelle différence de l'Inde actuelle à cette Inde jadis si renommée, et qui, citée comme le berceau des arts et des sciences, étoit peuplée d'hommes avides de gloire et de vérités! Le mépris conçu pour cette nation déclare le mépris auquel doit s'attendre tout peuple qui croupira, comme l'Indien, dans la paresse et l'indifférence pour la gloire.

vérité est bannie. Elles n'habitent point les empires où l'esclavage donne le nom de *soleil de justice* aux tyrans les plus injustes et les plus cruels, où la terreur prononce les panégyriques.

Quiconque regarde l'ignorance comme favorable au gouvernement, et l'erreur comme utile, en méconnoît les productions : il n'a point consulté l'histoire : il ignore qu'une erreur, utile pour le moment, ne devient que trop souvent le germe des plus grandes calamités. Un nuage blanc s'est-il élevé au-dessus des montagnes, c'est le voyageur expérimenté qui seul y découvre l'annonce de l'ouragan : il se hâte vers la couchée ; il sait que, s'abaissant du sommet des monts, ce nuage, étendu sur la plaine, voilera bientôt de la nuit affreuse des tempêtes ce ciel pur et serein qui luit encore sur sa tête.

L'erreur est ce nuage blanc où peu d'hommes apperçoivent les malheurs dont il est l'annonce. Ces malheurs, cachés au stupide, sont prévus du sage : il sait qu'une seule erreur peut abrutir un peuple, peut obscurcir tout l'horizon de ses idées ; qu'une imparfaite idée de la divinité a souvent opéré cet effet. L'erreur, dangereuse en elle-même, l'est sur-tout par ses productions. Une erreur est féconde en erreurs.

Tout homme compare plus ou moins ses idées entre elles : en adopte-t-il une fausse ? de cette idée unie à d'autres il en résulte des idées nouvelles et nécessairement fausses, qui, se combinant de nouveau avec toutes celles dont il a chargé sa mémoire, donnent à toutes une plus ou moins forte teinte de fausseté : les erreurs théologiques en sont un exemple. Il n'en faut qu'une pour infecter toute la masse des idées d'un homme, pour produire une infinité d'opinions bizarres, monstrueuses et toujours inattendues, parcequ'avant l'accouchement on ne prédit pas la naissance des monstres.

L'erreur est de mille especes. La vérité au contraire est une et simple ; sa marche est toujours uniforme et conséquente. Un bon esprit sait d'avance la route qu'elle doit parcourir (a). Il n'en est pas ainsi de l'erreur : toujours inconséquente et toujours irréguliere dans sa course, on la perd à chaque instant de vue : ses apparitions sont toujours imprévues; on n'en peut donc prévenir les effets. Pour en étouffer les semences, le législateur ne peut

(a) Les principes d'un ministre éclairé une fois connus, on peut, dans presque toutes les positions, prédire quelle sera sa conduite. Celle d'un sot est indevinable. C'est une visite, un bon mot, une impatience qui le détermine ; et de là ce proverbe, que *Dieu seul devine les sots*.

trop exciter les hommes à la recherche de la vérité (a).

Tout vice, disent les philosophes, est une erreur de l'esprit. Les crimes et les préjugés sont freres; les vérités et les vertus sont sœurs. Mais quelles sont les matrices de la vérité? la contradiction et la dispute. La liberté de penser porte les fruits de la vérité : cette liberté éleve l'ame, engendre des pensées sublimes ; la crainte au contraire l'affaisse, et ne produit que des idées basses.

(a) Pour détruire l'erreur faut-il la forcer au silence? Non. Que faire donc? La laisser dire. L'erreur, obscure par elle-même, est rejetée de tout bon esprit. Le temps ne l'a-t-il point accréditée? n'est-elle point favorisée du gouvernement? elle ne soutient point le regard de l'examen. La vérité donne à la longue le ton par-tout où on la dit librement.

Quelque utile que soit la vérité, supposons cependant qu'entraîné à sa ruine par le vice de son gouvernement un peuple ne pût l'éviter que par un grand changement dans ses lois, ses mœurs et ses habitudes, faut-il que le législateur le tente? doit-il faire le malheur de ses contemporains pour mériter l'estime de la postérité? La vérité enfin qui conseilleroit d'assurer la félicité des générations futures par le malheur de la présente doit-elle être écoutée?

CHAPITRE XIV.

Que le bonheur de la génération future n'est jamais attaché au malheur de la génération présente.

Pour montrer l'absurdité de cette supposition, examinons de quoi se compose ce qu'on appelle la génération présente : 1°. d'un grand nombre d'enfants qui n'ont point encore contracté d'habitudes; 2°. d'adolescents qui peuvent facilement en changer; 3°. d'hommes faits, et dont plusieurs ont déja pressenti et approuvé les réformes proposées; 4°. de vieillards, pour qui tout changement d'opinions et d'habitudes est réellement insupportable.

Que résulte-t-il de cette énumération? qu'une sage réforme dans les mœurs, les lois et le gouvernement, peut déplaire au vieillard, à l'homme foible et d'habitude ; mais qu'utile aux générations futures, cette réforme l'est encore au plus grand nombre de ceux qui composent la génération présente ; que par conséquent elle n'est jamais contraire à l'intérêt actuel et général d'une nation.

Au reste tout le monde sait que dans les empires l'éternité des abus n'est point l'effet de notre compassion pour les vieillards, mais de l'intérêt mal-entendu du puissant. Ce dernier, également indifférent au bonheur de la génération présente ou future (a), veut qu'on le sacrifie à

(a) Un sage gouvernement prépare toujours dans le bonheur de la génération présente celui de la génération future. On a dit de la vieillesse et de la jeunesse « que l'une prévoyoit trop, et l'autre

ses moindres fantaisies : il veut ; il est obéi.

Quelque élevé cependant que soit un homme, c'est à la nation et non à lui qu'on doit le premier respect. Dieu, dit-on, est mort pour le salut de tous. Il ne faut donc pas immoler le bonheur de tous aux fantaisies d'un seul. On doit à l'intérêt général le sacrifice de tous les intérêts personnels. Mais, dira-t-on, ces sacrifices sont quelquefois cruels : oui, s'ils sont exécutés par des gens inhumains ou stupides. Le bien public ordonne-t-il le mal d'un individu ? toute compassion est due à sa misere : point de moyen de l'adoucir qu'on ne doive

« trop peu ; qu'*aujourd'hui* est la maî-
« tresse du jeune homme, et *demain*
« celle du vieillard ». C'est à la maniere des vieillards que doivent se conduire les états.

employer. C'est alors que la justice et l'humanité du prince doivent être inventives. Tous les infortunés ont droit à ses bienfaits : il doit flatter leurs peines. Malheur à l'homme dur et barbare qui refuseroit au citoyen jusqu'à la consolation de se plaindre ! La plainte, commune à tout ce qui souffre, à tout ce qui respire, est toujours légitime.

Je ne veux pas que l'infortune éplorée retarde la marche du prince vers le bien public ; mais je veux qu'en passant il essuie les larmes de la douleur, et que, sensible à la pitié, l'amour seul de la patrie l'emporte en lui sur l'amour du particulier. Un tel prince, toujours ami des malheureux, et toujours occupé de la félicité de ses sujets, ne regardera jamais la révélation de la vérité comme dangereuse.

Que conclure de ce que j'ai dit au sujet de cette question ?

Que la découverte du vrai, toujours utile au public, ne fut jamais funeste qu'à son auteur ;

Que la révélation de la vérité n'altere point la paix des états ; qu'on en a pour garant la lenteur même de ses progrès ;

Qu'en toute espece de gouvernement il est important de la connoître ;

Qu'il n'est proprement que deux sortes de gouvernements, l'un bon, l'autre mauvais ;

Qu'en aucun d'eux le bonheur du prince n'est lié au malheur des sujets ;

Que si la vérité est utile, on la doit aux hommes ;

Que tout gouvernement en conséquence doit faciliter les moyens de la découvrir ;

Que le plus sûr de tous est la liberté de la presse;

Que les sciences doivent leur perfection à cette liberté;

Que l'indifférence pour la vérité est une source d'erreurs, et l'erreur une source de calamités publiques;

Qu'aucun ami de la vérité ne proposa de sacrifier la félicité de la génération présente à la félicité de la génération à venir;

Qu'une telle hypothese est impossible;

Qu'enfin c'est de la seule révélation de la vérité qu'on peut attendre le bonheur futur de l'humanité.

La conséquence de ces diverses propositions, c'est que personne n'ayant le droit de faire le mal public, nul n'a droit de s'opposer à la publication de la vérité, et sur-tout des premiers principes de la morale.

Au reste, ce n'est point sous les coups de la vérité, c'est sous les coups du puissant que succombera l'erreur. Le moment de sa destruction est celui où le prince confondra son intérêt avec l'intérêt public. Jusques-là c'est en vain que l'on présentera le vrai aux hommes; il en sera toujours méconnu. N'est-on guidé dans sa conduite et sa croyance que par l'intérêt du moment, comment à sa lueur incertaine et variable distinguer le mensonge de la vérité?

CHAPITRE XV.

Les mêmes opinions paroissent vraies ou fausses selon l'intérêt qu'on a de les croire telles ou telles.

Tous les hommes conviennent de la vérité des propositions géométriques : seroit-ce parcequ'elles sont démontrées ? non ; mais parcequ'indifférents à leur fausseté ou à leur vérité, les hommes n'ont nul intérêt de prendre le faux pour le vrai. Leur suppose-t-on cet intérêt ? alors les propositions le plus évidemment démontrées leur paroîtront problématiques. Je me prouverai au besoin que le contenu est plus grand que le contenant : c'est un fait dont quelques religions fournissent des exemples.

Qu'un théologien catholique se propose de prouver qu'il est des bâtons sans deux bouts; rien pour lui de plus facile : il distinguera d'abord deux sortes de bâtons, les uns spirituels, les autres matériels; il dissertera obscurément sur la nature des bâtons spirituels; il en conclura que l'existence de ces bâtons est un mystere au-dessus et non contraire à la raison; alors cette proposition évidente (a)

(a) Chacun parle d'évidence; et, puisque l'occasion s'en présente, je tâcherai d'attacher une idée nette à ce mot.

Évidence vient du mot latin *videre*, VOIR. Une toise est plus grande qu'un pied; je le vois. Tout fait dont je puis ainsi constater l'existence par mes sens est donc évident pour moi. Mais l'est-il également pour ceux qui ne sont pas à portée de s'en assurer par le même témoignage? Non. D'où je conclus qu'une

« qu'il n'est point de bâtons sans « deux bouts », deviendra problématique.

Il en est de même des vérités les plus claires de la morale. La plus évidente, c'est qu'en fait de crimes la punition doit être personnelle, et que je ne dois pas être pendu pour le vol commis par mon voisin. Cependant que de théologiens soutiennent encore que Dieu punit dans les hommes ac-

proposition généralement évidente n'est autre chose qu'un fait dont tous les hommes peuvent également et à chaque instant vérifier l'existence.

Que deux corps et deux corps fassent quatre corps, cette proposition est évidente pour tous les hommes, parceque tous peuvent à chaque instant en constater la vérité; mais qu'il y ait dans les écuries du roi de Siam un éléphant haut de vingt-quatre pieds, ce fait, évident pour tous

tuels le péché de leur premier pere!

Pour cacher l'absurdité de ce raisonnement ils ajoutent que la justice d'en haut n'est pas celle de l'homme. Mais, si la justice du ciel est la vraie (14), et que cette justice ne soit pas celle de la terre, l'homme vit donc dans l'ignorance de la justice : il ne sait donc jamais si l'action qu'il croit équitable n'est point injuste, si le vol et l'assassinat ne sont point des

ceux qui l'auroient vu, ne le seroit ni pour moi, ni pour ceux qui ne l'auroient pas mesuré. Cette proposition ne peut donc être citée ni comme évidente, ni même comme vraisemblable. Il est en effet plus raisonnable de penser que dix témoins de ce fait ou se sont trompés, ou l'ont exagéré, ou qu'enfin ils ont menti, qu'il n'est raisonnable de croire à l'existence d'un éléphant d'une hauteur double de celle des autres.

vertus (15). Que deviennent alors les principes de la loi naturelle et de la morale ? comment s'assurer de leur justesse, et distinguer l'honnête homme du scélérat ?

CHAPITRE XVI.

L'intérêt fait estimer en soi jusqu'à la cruauté qu'on déteste dans les autres.

Toutes les nations de l'Europe considerent avec horreur ces prêtres de Carthage dont la barbarie enfermoit des enfants vivants dans la statue brûlante de Saturne ou de Moloch. Point d'Espagnol cependant qui ne respecte la même cruauté en lui et dans ses inquisiteurs. A quelle cause attribuer cette contradiction ? à la vénération que l'Espagnol conçoit dès l'enfance pour les moines. Il faudroit, pour le défaire de ce respect d'habitude, qu'il pensât, qu'il consultât sa raison, qu'il s'exposât à-la-fois à la fatigue de l'attention et à la haine de ce même moine. L'Espagnol est donc forcé, par le double intérêt de la crainte et de la paresse, de révérer dans le dominicain la barbarie qu'il déteste dans le prêtre du Mexique.

On me dira sans doute que la différence des cultes change l'essence des choses, et que la cruauté abominable dans une religion est respectable dans l'autre. Je ne répondrai point à cette absurdité ; j'observerai seulement que le même intérêt qui, par exemple, fait respecter dans un pays la cruauté que l'on hait dans les autres, doit à d'autres égards fasciner encore les yeux de ma raison, quand je m'exagere le mépris dû à certains vices : l'avare en est un exemple. L'avare se contente-t-il de ne rien donner et d'épargner le sien ? ne se porte-t-il d'ailleurs à aucune injustice ? de tous les vicieux, c'est peut-être celui qui nuit le moins à la société : le mal qu'il fait n'est proprement que l'omission du bien qu'il pourroit faire.

De tous les vices, si l'avarice est le plus généralement détesté, c'est l'effet d'une avidité commune à presque tous les hommes ; c'est qu'on hait celui dont on ne peut rien attendre. Ce sont les avares avides qui décrient les avares sordides.

CHAPITRE XVII.

L'intérêt fait honorer le crime.

QUELQUE notion imparfaite que les hommes aient de la vertu, il en est peu qui respectent le vol, l'assassinat, l'empoisonnement, le parricide; et cependant l'église entiere honora toujours ces crimes dans ses protecteurs. Je citerai pour exemple Constantin et Clovis. Le premier, malgré la foi des serments, fait assassiner Licinius son beau-frere; massacrer Licinius son neveu à l'âge de douze ans; mettre à mort son fils Crispus, illustré par ses victoires; égorger son beau-pere Maximien à Marseille : il fait enfin étouffer sa femme Fausta dans un bain. L'authenticité de ces crimes force les païens d'exclure cet empereur de leurs fêtes et de leurs initiations ; et les vertueux chrétiens le reçoivent dans leur église.

Quant au farouche Clovis, il assomme avec une masse d'armes Regnacaire et Richemer, deux freres, et tous deux ses parents. Mais il est libéral envers l'église ; et Savaron prouve dans un livre la sainteté de Clovis. L'église, il est vrai, ne sanctifia ni lui ni Constanstin ; mais elle honora du moins en eux deux hommes souillés des plus grands crimes.

Quiconque étend le domaine de l'église est toujours innocent à ses yeux. Pepin en est la preuve : le pape à sa priere passe d'Italie en France. Arrivé dans ce royaume, il oint Pepin, et couronne en lui un usurpateur qui tenoit son roi légitime enfermé dans le couvent de S. Martin, et le fils de son maître dans le couvent de Fontenelle en Normandie.

Ce couronnement, dira-t-on, fut le crime du pape, et non celui de l'église : mais le silence des prélats fut l'approbation secrete de la conduite du pontife. Sans ce consentement tacite, le pape, dans une assemblée des principaux de la nation, n'eût osé légitimer l'usurpation de Pepin : il n'eût point, sous peine d'excommunication, défendu de prendre un roi d'une autre race.

Tous les prélats ont-ils honoré de bonne foi ces Pepin, ces Clovis, ces Constantin ? Quelques uns sans doute rougissoient intérieurement de ces odieuses béatifications ; mais la plupart n'appercevoient point le crime dans le criminel qui les enrichissoit. Que ne peut sur nous le prestige de l'intérêt !

CHAPITRE XVIII.

L'intérêt fait des saints.

Je prends Charlemagne pour exemple. C'étoit un grand homme : il étoit doué de grandes vertus, mais d'aucune de celles qui font des saints. Ses mains étoient dégouttantes du sang des Saxons injustement égorgés. Il avoit dépouillé ses neveux de leur patrimoine, il avoit épousé quatre femmes, il étoit accusé d'inceste : sa conduite n'étoit pas celle d'un saint ; mais il avoit accru le domaine de l'église, et l'église en a fait un saint. Elle en usa de même avec Hermenigilde, fils du roi visigoth l'Eurigilde. Ce jeune prince, ligué avec un prince sueve contre son propre pere, lui livre bataille, la perd, est pris près de Cordoue, tué par un officier de l'Eurigilde; mais il croyoit à la consubstantialité, et l'église le sanctifie. Mille scélérats ont eu la même bonne fortune. S. Cyrille, évêque d'Alexandrie, est l'assassin de la belle et sublime Hypacie; il est pareillement canonisé.

Philippe de Commines rapporte à ce sujet qu'entré à Pavie dans le couvent des carmes on lui montra le corps du comte d'Yvertu, de ce comte qui, parvenu à la principauté de Milan par le meurtre de Bernabo son oncle, fut le premier qui porta le titre de duc. « Eh quoi!
« dit Commines au moine qui l'ac-
« compagnoit, vous avez canonisé un
« tel monstre ! — Il nous faut des
« bienfaiteurs, répliqua le carme.
« Pour les multiplier, nous sommes
« dans l'usage de leur accorder les

« honneurs de la sainteté. C'est par
« nous que les sots et les frippons de-
« viennent saints, et par eux que
« nous devenons riches ». Que de
successions volées par les moines!
mais ils voloient pour l'église, et
l'église en a fait des saints.

L'histoire du papisme n'est qu'un
recueil immense de faits pareils. Ouvre-t-on ses légendes? on y lit les
noms de mille scélérats canonisés; et
l'on y cherche en vain et le nom d'un
Alfred le grand qui fit long-temps
le bonheur de l'Angleterre, et celui
d'un Henri IV qui vouloit faire celui
de la France, et enfin le nom de ces
hommes de génie qui, par leurs découvertes dans les arts et les sciences,
ont à-la-fois honoré leur siecle et leur
pays.

L'église, toujours avide de richesses,
disposa toujours des dignités du para-

dis en faveur de ceux qui lui donnoient de grands biens sur la terre. L'intérêt peupla le ciel. Si Dieu, comme on le dit, a tout fait pour lui, *Omnia propter semetipsum operatus est Dominus*, l'homme, créé à son image et ressemblance, a fait de même. C'est toujours d'après son intérêt bien ou mal entendu qu'il juge (a). Pourquoi? C'est qu'il n'est pas assez éclairé.

(a) Notre croyance, selon quelques philosophes, est indépendante de notre intérêt. Ces philosophes ont tort ou raison, selon l'idée qu'ils attachent au mot *croire*. S'ils entendent par ce mot avoir une idée nette de la chose crue, et, comme les géomètres, pouvoir s'en démontrer la vérité, il est certain qu'aucune erreur n'est crue, qu'aucune ne soutient le regard de l'examen, qu'on ne s'en forme point d'idée claire, et qu'en ce sens

La paresse, un avantage momentané, et sur-tout une soumission honteuse aux opinions reçues, sont autant d'écueils semés sur la route de notre bonheur. Pour les éviter, il faut penser; et l'on n'en prend pas la peine : on aime mieux croire qu'examiner. Combien de fois notre crédulité ne nous a-t-elle pas aveuglés sur nos vrais intérêts! L'homme a été défini un animal raisonnable; je le définis un animal crédule (a). Que ne lui fait-on pas accroire!

il est peu de *croyants*. Mais si l'on prend ce mot dans l'acception commune, si l'on entend par le mot de *croyant* l'adorateur du bœuf Apis, l'homme qui, sans avoir des idées nettes de ce qu'il croit, croit par imitation, qui, si l'on veut, *croit croire*, et qui soutiendroit la vérité de sa croyance au péril de sa vie ; en ce sens il est beaucoup de *croyants*.

(a) Les mœurs et les actions des ani-

Un hypocrite se donne-t-il pour vertueux, il est réputé tel ; il est en conséquence plus honoré que l'homme honnête.

Le clergé se dit-il sans ambition ? il est reconnu pour tel au moment même où il se déclare le premier corps de l'état.

Les évêques et les cardinaux se disent-ils humbles ? ils en sont crus sur leur parole, en se faisant donner les titres de *monseigneur*, d'*éminence* et de *grandeur;* alors même que les

maux prouvent qu'ils comparent, portent des jugements. Ils sont à cet égard plus ou moins raisonnables, plus ou moins ressemblants à l'homme. Mais quel rapport entre leur crédulité et la sienne ? Aucun. C'est principalement en étendue de crédulité qu'ils different, et c'est peut-être ce qui distingue le plus spécialement l'homme de l'animal.

derniers veulent marcher de pair avec les rois, (*Cardinales regibus aequiparantur.*)

Le moine se dit-il pauvre? on le répute indigent, lors même qu'il envahit la plus grande partie des domaines d'un état; et ce moine, en conséquence, est aumôné par une infinité de dupes.

Qu'on ne s'étonne point de l'imbécillité humaine. Les hommes, en général mal élevés, doivent être ce qu'ils sont. Leur extrême crédulité leur laisse rarement l'exercice libre de leur raison. Dans les jugements qu'on porte, ou l'on est indifférent à la chose qu'on juge (a), et dès lors on est sans atten-

(a) Une opinion m'est-elle indifférente? c'est à la balance de ma raison que j'en pese les avantages. Mais que cette opinion excite en moi haine, amour, ou crainte, ce n'est plus la raison, ce sont

tion et sans esprit pour la bien juger; ou l'on est vivement affecté de cette même chose, et c'est alors l'intérêt du moment qui presque toujours prononce nos jugements.

mes passions qui jugent de sa vérité ou de sa fausseté. Or, plus mes passions sont vives, moins la raison a de part à mon jugement. Pour triompher du préjugé le plus grossier, ce n'est point assez d'en sentir l'absurdité. Me suis-je démontré le matin la non-existence des spectres? si le soir je me trouve seul, ou dans une chambre, ou dans un bois, les fantômes et les spectres perceront de nouveau la terre ou mon plancher, la frayeur me saisira. Les raisonnements les plus solides ne pourront rien contre ma peur. Pour étouffer en moi la crainte des revenants, il ne suffit pas de m'en être prouvé la non-existence, il faut de plus que le raisonnement par lequel j'ai détruit ce préjugé se présente aussi habituellement

Une décision juste suppose indifférence pour la chose qu'on juge (a), et le desir de la bien juger. Or, dans l'état actuel des sociétés, peu d'hommes éprouvent ce double sentiment

et aussi rapidement à ma mémoire que le préjugé lui-même. Or c'est l'œuvre du temps, et quelquefois d'un très long temps. Jusqu'à ce temps, je tremble la nuit au seul nom de spectre et de sorcier. C'est un fait prouvé par l'expérience.

(a) Pourquoi l'étranger est-il meilleur juge des beautés d'un nouvel ouvrage que les nationaux ? C'est que l'indifférence dicte le jugement du premier, et qu'au moins dans le premier moment l'envie et le préjugé dictent celui des seconds. Ce n'est pas que parmi ces derniers il ne s'en trouve qui mettent de l'orgueil à bien juger; mais ils sont en trop petit nombre pour que leur jugement ait d'abord aucune influence sur celui du public.

de desir et d'indifférence, et se trouvent dans l'heureuse position qui le produit. Trop servilement attaché à l'intérêt du moment, l'on y sacrifie presque toujours l'intérêt à venir, et l'on juge contre l'évidence même.

CHAPITRE XIX.

L'intérêt persuade aux grands qu'ils sont d'une espèce différente des autres hommes.

ADMET-ON un premier homme ? tous sont de la même maison, d'une famille également ancienne; tous par conséquent sont nobles. Qui refuseroit le titre de gentilhomme à celui qui, par des extraits levés sur des registres de circoncisions et de baptêmes, prouveroit une descendance en ligne directe depuis Abraham jusqu'à lui ? Ce n'est donc que la conservation ou la perte de ces extraits qui distingue le noble du roturier.

Mais le grand se croit-il réellement d'une race supérieure à celle du bourgeois, et le souverain d'une espece différente de celle du comte, du duc, etc. ? Pourquoi non ? J'ai vu des hommes pas plus sorciers que moi se dire et se croire sorciers jusques sur l'échafaud. Mille procédures justifient ce fait. Il en est qui se croient nés heureux, et qui s'indignent lorsque la fortune les abandonne un moment. Ce sentiment est en eux l'effet du succès constant de leurs premieres entreprises. D'après ce succès, ils ont dû prendre leur bonheur pour un effet, et leur étoile pour la cause de cet effet (a).

(a) Deux faits arrivent-ils toujours

Si telle est l'humanité, faut-il s'étonner que des grands, gâtés par les hommages journaliers rendus à leurs richesses et à leurs dignités, se croient d'une race particuliere (a)?

Cependant ils reconnoissent Adam pour le pere commun des hommes. Oui, mais sans en être entièrement convaincus. Leurs gestes, leurs discours, leurs regards, tout dément en eux cet aveu; et tous sont persuadés qu'eux et le prince ont sur le peuple et le bourgeois le droit du fermier sur ses bestiaux.

Je ne fais point ici la satyre des grands, mais celle de l'homme. Le

ensemble? on suppose une dépendance nécessaire entre eux : on donne à l'un le nom de *cause*, à l'autre celui d'*effet*.

(a) L'ancienneté de leur maison est surtout chere à ceux qui ne peuvent être fils de leur mérite.

bourgeois rend à son valet tout le mépris que le puissant a pour lui (a).

Qu'on ne soit point surpris de trouver l'homme sujet à tant d'illusion. Ce qui seroit vraiment surprenant, c'est qu'il se refusât aux erreurs qui flattent sa vanité.

(a) Est-ce aux grandes places ou à la haute naissance qu'on doit son premier respect ? Je conclurois en faveur des grandes places. Elles supposent du moins quelque mérite. Or, ce que le public a vraiment intérêt d'honorer, c'est le mérite.

FIN DU TOME ONZIEME.

www.ingramcontent.com/pod-product-compliance
Lightning Source LLC
Chambersburg PA
CBHW051859160426
43198CB00012B/1665